ついこの店で買ってしまう理由《わけ》

博報堂パコ・アンダーヒル研究会
小野寺健司　今野雄策＝編

nbb
日経ビジネス人文庫

文庫版によせて

昨今出版されたほとんどの書籍の寿命は短いものである。ちょうど桜の花が咲き、愛でられ、次には色あせ風に吹かれて落ちていくようなものである。ところが、私の場合はそういう運命になっていない。

私の最初の本である『なぜこの店で買ってしまうのか（原題：Why We Buy）』は、二〇〇〇年に出版されたが、長く、また力強い生命力を持っている。二〇〇八年まで一三刷を重ね二七カ国語に訳され、いまだなお、年間何万部かが販売されている。二〇〇九年には、世界各国で『二一世紀における〝なぜこの店で買ってしまうのか〟』として、内容を一新した改訂版が発刊された。

私は、日本で書かれた本書が私と博報堂との長期にわたるコラボレーションと同様に長い寿命を持ち続けていることに感動している。翻訳された韓国版、中国版でもそのお国柄に合った漫画スタイルのイラストが用いられている。日本経済新聞出版社が引き続き本書とその内容に興味を示してくださっていることに感謝したい。

本書で取り上げられている課題は永遠のものであり、最近の世界の経済危機の状況下では、より一層重要性を増しているといえる。最近の調査結果は、ほとんどすべての消費者の購買決定は、実際の売場で行われる、またはそうでなくとも売場での影響が大きいことを我々に示している。用語としての〝インストア・マーケティング〟は、進化し、いまや一連の学問として確立してきている。購買者のインサイトは、効果的な店内での購買体験とユーザーのブランド体験をつくり出し、五感マーケティングとニューロマーケティングは、脳科学や認知科学をも取り入れるようになった。しかし「買い物の科学」がより魅惑的なものになってきたとしても、購買決定の大部分を衝き動かすのは、基本的な原理であるということに変わりはない。

もし、本書に欠けている章があるとすれば、それは店頭の世界からオンラインの世界への、非常に複雑で高度化したクロスオーバーについてである。というのも、非常に多くの同じ〝課題〟がオンラインでも当てはまる。つまり、それは老化した目、ビジュアル言語の進化、自分自身の手や指でコントロールできる物理的な限界等である。

本書が出版された二〇〇五年以降も、私は博報堂のアドバイザーを務めてきている。二〇〇八年、博報堂は私に外国人では初めての〝博報堂フェロー〟のタイトルを与えてくれた。私は、多くの日本の友人や博報堂で一緒に働いてくれている同僚たちに深く感謝の念を持っており、この間のさまざまな得意先企業とのプロジェクトを博報堂とともに行えたことをたいへん名誉に思っている。

二〇〇九年七月　ニューヨークにて

納豆も食べ、発泡酒も楽しみ、阪神タイガースの熱狂的ファンである

パコ・アンダーヒル

＊

二〇〇五年の本書出版後、東京、大阪、札幌などで、この中に書かれたパコ氏と博報堂でまとめた日本や世界の店舗での「効果的な店づくりの法則」について、多数の講演を行った。

日本での店舗クリニック事例も多数引用したさまざまな法則と、デジカメと洗濯機の家電量販店での実験調査の紹介は、経験的には理解していても体系的に整理し切れていなかった「売れる店づくりのための買い物客のインサイト」として役に立った、という感想をあちこちでいただいた。

パコ氏とは、二〇〇五年の本書の出版後も博報堂とのアドバイザー契約を継続し、二〇〇八年からは博報堂初めての外国人フェロー社員として、さらに強固な協力関係を継続している。

毎年一回の来日時には店舗やモールでのクリニックや、インストア・マーケティングや店頭コミュニケーションに関する講演を行ってもらっているが、得意先企業からの評価も大変高いものである。

小売業にとっても、メーカーのマーケティングにとっても、インストア・マーケティングや売場の重要性は増加し、売場での効果的なブランド体験構築の重要性も増している。パコ氏の視点は、まさに生活者を徹底的に観察・インサイトし、最適な売場づくりとインストア・マーケティングを構築するもので、博報堂の生活者視点やエンゲージメントの考え方とも一致している。

博報堂は最近、脳科学や心理学も活用し、アンケートやインタビューだけでは捕らえ切れない生活者の無意識部分のインサイトにアプローチするニューロマーケティングへの取り組みをはじめた。また買い物の事実に即した買い手主導のマーケティングを推進する「博報堂買物研究所」において買物欲のインサイトやその活用を強化してきており、今後もパコ氏とのコラボレーションも活用し、それらの実効性を高めていくつもりである。

この文庫本により、さらに多くの方に、買い物客を呼び込み、購買につなげていく効果的な店づくりのヒントを提供できれば幸いである。

最後に、二〇〇一年から現在まで一〇年近く、献身的に博報堂や博報堂の得意先企業のために、店舗クリニックや講演をしていただいたパコ・アンダーヒル氏と、日本来日時に店舗クリニックや講演のコーディネーションと通訳・翻訳などで多大な協力をいただいたＭＩＧ社・豊田一雄社長に心から感謝をしたい。

二〇〇九年八月

博報堂　研究開発局

小野寺健司

はじめに

今、あなたが手にしている本は、のっぽで頭の薄くなったアメリカ人の企業経営者である私と、日本第二位の広告会社である博報堂との共同作業で完成したものだ。この共同作業は飲み食いしながら、笑い声が聞こえてくる楽しく知的な意見交換だった。ビジネス上の取引として始まった関係は友人関係へと発展し、それが四年間も続いている。読者のみなさんがこのイラスト付きの本を読みながら、ほほ笑んだり、なるほどと頷いたり、さらには声をあげて笑ってくれることを私は期待している。マーケティングや小売りの世界で仕事をする私たちには、個人よりも速いスピードで変化していくこの世界に対応するため、ユーモアと従順さが必要だ。

この本の企画を博報堂の小野寺健司さんと今野雄策さんの二人より最初に聞かされたときから、日本で博報堂と共同で行った私の講演、セミナー、店舗視察での私の発言のエッセンスをどう伝えればみなさんに興味を持ってもらえるか、二人と情報交換を行ってきた。

本書は、私が二〇年間にわたる世界中での調査や店舗視察の中から発見した「店舗での徹底的な顧客行動の観察」「顧客行動や顧客心理の科学的分析」、さらには「ゴム底靴での店舗観察に代表される現場主義の徹底」に基づく「人が店で買ってしまう理由」と「売れる店の法則」を、博報堂パコ・アンダーヒル研究会の二人がまとめ直したものである。私が二〇〇一年一一月に博報堂とアドバイザー契約をしてからこれまでの三年半、実際に東京、大阪、上海などでドラッグストア、スーパー、デパート、家電量販店などの店舗視察を通して気づいたことを加え、日本のみなさんにぜひ読んでもらいたい内容になっている。

私にとってもこのような形で、売れる店の法則を体系的にまとめたのは今回が初めてのことであり、さまざまな法則がイラストでわかりやすく説明してあるので、読者のみなさんも、売れる店の秘密が楽しく体感できると思う。

また、この本は愉快な本でもあるが、真面目な問題も多く含んでいる。例えばそれは、日本経済が回復していく中で、日本企業が避けることのできない問題である。日本が高齢化の時代を迎える中、高齢者にとって使いやすい商業環境をつくるためには何が必要なのか、世界は指針を求めているのだ。

そしてこの本では、生物学的に普遍的なものと文化的な差異について注目している。

普遍的なものとは例えば、「人間の目は年齢とともに水晶体が黄色くなる」「カップル、友人、家族などの社会集団で行動する」ことである。

一方で、国、都市、地域ごとの違いをつくり出しているのは、治安、不動産の価格、人口密度、天候、地勢などだ。日本では、子供たちも公共の交通手段を不安がることなく通学に利用しているが、メキシコシティ、ベルリン、ニューヨークではまずあり得ない。武装警備と出入制限が行われているブラジルのショッピングモールは、ほかに安全な公共スペースのない中流階級にとってファッション・ショーの場にさえなっている。一方で、丸の内などには各フロアにレストランなどの入ったショッピングモールがいくつかあるが、東京ほどの人口密度や土地代の高さを知らない他の国ではこのコンセプトは受け入れられないだろう。

また、丘の上に立っているサンフランシスコの人の動きは、ニューヨークやマンハッタン島とは異なる。これは、札幌の人は雪に悩まされるが、沖縄の人はまったく雪のことなど考えないのと同じようなものだ。

この本の発起人は、私の友人でもある博報堂研究開発局の主席研究員の小野寺健司さんだ。彼は世界中のリサーチの知識を収集するとともに、博報堂の外交官ともいえる人で、各国のカンファレンスやセミナーにも参加し、世界の消費者トレンドなどに関しての知識も豊富である。小野寺さんが長い間、私個人ばかりでなく私の日本事務所であるエンバイロセルジャパンの発展を気にかけ、献身的な努力をしてくれていることに、私は非常に感謝しており、彼の期待にずっと応え続けられればと思っている。また、小野寺さんとともに、私やエンバイロセルジャパンに対し多大な貢献をしてくれているのは、同じく博報堂研究開発局の研究員の今野雄策さんだ。今野さんは、店頭マーケティングのスペシャリストで、私が博報堂に初めて紹介されたときからの長い付き合いであり、私の日本訪問の際の店舗視察などでの実務的な細かいやりとりをしてくれているのも彼だ。博報堂のアドバイザーとして日本でさまざまな得意先の仕事を行い、数え切れないほどの友人や仲間を得られたことは私にとってかけがえのない喜びである。

この本をお読みいただくことで、メーカーまたは小売業の立場で日夜売れる商品、売れる店づくりに尽力されているみなさんが、今までとは違った視点で、「売場づくり」「店頭マーケティング」「店頭コミュニケーションやPOP」「生活者や店頭での顧客を見るヒント」などを生み出すことができれば幸いである。

この本を読んで面白いと思った人は、ぜひ私の著書『なぜこの店で買ってしまうのか―ショッピングの科学』『なぜ人はショッピングモールが大好きなのか』も読んでいただきたい。またエンバイロセルのホームページ（www.envirolselljapan.com）にもアクセスしてみてほしいが、より重要なことは、この本で学んだことを自分自身の世界に適用してみることだ。

この本を手に取っていただきありがとうございます。

二〇〇五年六月　ニューヨークにて

エンバイロセル社創立者・ＣＥＯ、博報堂アドバイザー

パコ・アンダーヒル

目次

文庫版によせて…3
はじめに…9

I 今、買い物はどう変化しているのか 27

1 二一世紀のパラダイム・チェンジ…28
2 世の中・生活者の七つの変化を知る…31
①女性の役割の変化…31
②高齢社会の到来…34
③お金の使い道の劇的な変化…35
④食に対する意識の変化…36

⑤時間の意味の変化…38
⑥競合は誰か？…39
⑦ロイヤルティの意味の変化…40
3　二一世紀のマーケティングツールとは…44
二〇世紀のマーケティングツール…44
二一世紀のツール――トラッキング（行動観察）調査…46
ビデオ調査…49
出口インタビュー調査…50
調査から明らかになること…52
4　売れる店づくりの七カ条…54
①多様性への対応…54
②ライフスタイルを売る…56
③日本の独自性の見直し…56
④クリエイティブな力の重要性…59
⑤店舗での改善の優先順位付け…60

⑥ゲリラ的マーケティングの勧め…61
⑦楽しさの付加…63
5 マーケティングのラストーマイル＝売場…64
ゴム底靴での現場観察…64
何を見るか…67
店舗観察に求められる資質…68
戦略から戦術へ…70
コラム1 このビジネスをするきっかけ…72
Ⅱ つい買ってしまう法則 75
法則1 入口をコントロールする
この店は何の店かを一〇秒で伝える…76
どこが本当の入口なのか考える…79
ランディングゾーンで情報発信はNG…82
「入口でのあいさつ」はアピール&セキュリティ…85

法則2　商品を生活シーンの中に置く
「生活サンプル」を提供する…88
ありすぎるくらい鏡を…91
法則3　「初めの一歩」をつくり出す
「見せ場」と「売場」をつくる…94
キレイすぎる陳列はＮＧ…97
法則4　買い手の「言葉」で語る
買い手が欲しい情報の形で伝達…100
法則5　イメージを活用する
イメージで伝えるディスプレイ…103
法則6　人の動きに合わせる
人はカニ歩きしないので、商品は通路に対して斜めに…106
右利きが九〇%、それを前提にした店舗づくり…109
ときに人の動きをコントロール…112

法則7　情報を整理する
メッセージはマシンガンではなく、ライフルであるべき…115
情報の「トリアージュ」…118
商品の品揃えも整理…121
法則8　情報提示のタイミングを考える
入口よりも出口でアピール…124
お客さんが読みたいところにPOPを置く…127
POPをつくる人は置く人の、置く人はつくる人の気持ちに…130
ビジョンはロイヤルティ形成に使う…133
法則9　価格の意味を考える
人は高いものを買いたいのではなく、いいものを買いたい…136
商品のバンドルパッケージ化…139
法則10　あらゆる空間を活用する
トイレは効果的なプロモーションスペース…142

パッケージもメディア…145
低い段の商品も目立たせよう…148

法則11 滞在時間を活用する

「溜まり場」をつくる…151
待ち時間はセールスタイム…154
体感時間をコントロールする…157

法則12 居心地のいい空間をつくる

親近感を生み出す空間を…160

法則13 商品をたくさん持てるように

カゴを勧める…163
あらゆるところにカゴを…166
手に取りたくなるカゴ…169

法則14 買い物を手伝う姿勢

face to face ではなく hip to hip…172

客エリア、店員エリアに区切らない…175
法則15 エルダーフレンドリーに
文字・色・場所の配慮…178
法則16 女性客と男性客で対応を変える
男性はテクノロジーを買い、女性はリザルトを買う…181
女性のことは女性にしかわからない、ということがある…184
法則17 子供客も大事に
子供の目線で見てみよう…187
子供のゴールデンゾーンは天井…190
キッズコーナーは親が安心できる場所に…193
親が一緒であることを考える…196
法則18 店員が仕事を楽しむ
店員の楽しさがお客さんに伝わる…199

法則19　触れさせる、試させる
「触れる」ことは、触覚型の「情報収集」…202
「触れる」ことは「安心感」と「買う自信」を付ける…205
魅力的な試着室に改善…208
法則20　買い物同伴者を味方にする
子供におもちゃ、夫にはイス、奥さんにショッピングを…211
すばらしい待合スペースを…214
法則21　目的以外のものをいかに買ってもらうか
関連購買の気を起こさせる…217
レジ前の陳列棚を一工夫…220
法則22　色の活用
店内の色を「統一」するのでなく、あえて「変える」…223
法則23　顧客のロイヤルティのために
パブリックゾーン、セミプライベートゾーン、プライベートゾーン…226

コミュニケーションボードを見直す…229
法則24 店のアイデンティティを示す
まず「最初の売場」に着手…232
店に合った照明とBGMを…235
ギフトパッケージは目立つように…238
「商品と恋に落ちる劇場」、それが売場…241
法則EXTRA すべての行動をリサーチする
店内浸透率・経路パターン…244
商品カテゴリーマトリクス（立寄り率×購買転換率）…247
商品ブランド別の検討率・購買転換率・G&G率…250
POP視認率・視認時間…253
コラム2 テレビ通販を考える…256

Ⅲ 「法則」はリサーチから始まる 259

購買転換率
売場に来たお客のうち何人が買うのか？……262
販促物の接触率
販促物はどれだけ効いているのか？……265
カタログの接触状況
カタログはどのように読まれている？……268
陳列方法別検討率
どの陳列方法がいいのか？……271
メーカー別検討率
どのメーカーが検討されているのか？……274
店頭銘柄決定率
買うブランドはいつ決めているのか？……277

ビデオ調査から判明した事実１
商品を売場で最大限アピールできる環境が重要…280
ビデオ調査から判明した事実２
男女の商品検討はこんなに違う…283
ビデオ調査から判明した事実３
ＰＯＰの有効な位置は意外なところ…286
ビデオ調査から判明した事実４
お客は自ら工夫して商品を検討する…289
おわりに…293

Ⅰ 今、買い物はどう変化しているのか

1　二一世紀のパラダイム・チェンジ

世界においても日本においてもメーカーのマーケティング担当者、小売関係者、広告会社の方々は、三年ほど前から大きな変化に気がつき始めている。それは、二〇世紀にツールとして活用していたマーケティングやプロモーションやリサーチの手法が、もうすでに有効性を失いつつあるのではないかという大きな懸念に駆られ始めたということである。

消費者は高齢化し、情報通になり、そしてより賢くシニカルにもなっている。従来、活用されてきたツールや媒体や店内の広告など、二〇世紀においては効果的であったものが、二一世紀においてはその効果がなくなってしまった、ということである。

今までツールとして使ってきたものが、もはや二一世紀には通用しないということは、かつての成功体験は前ほど効かなくなってきたということである。あな

21世紀の消費者は変化している
高齢化
情報通
さて、調べるか ...
for digital
Enter
賢くシニカル
本当かな ...?
新発売！
飲むだけで必ず痩せる！
DIET
飲むだけで
必ず痩せる
DIET
飲むだけで
必ず痩せる
DIET
飲むだけで
必ず痩せる
DIET
飲むだけで
必ず痩せる

たも、何かを買って家に持って帰ったとき、もともと目的とした商品やブランドは買わずに、目的と違った商品やブランドを買ってきたことに気づくことがあるだろう。現在の生活者にとってこれは当たり前のことであるが、二〇~三〇年前ではあまりなかったことだ。

このような変化を真に理解せず、過去の経験だけで実務をこなしている人は多い。そんな人は今、みんな不安だらけなのである。

2　世の中・生活者の七つの変化を知る

ではまず、小売関係者もメーカーのマーケターも知っておくべき、世の中、そして、生活者の変化を紹介する。

①女性の役割の変化

歴史家が過去を振り返って、私たちが生きている今のこの時代はどういう時代だったかと評価するときには多分、それはベルリンの壁の崩壊でもなければ、人が月に行った月面着陸ということでもないと思う。将来、歴史家が振り返って今の時代を語るとしたら、「女性が大きく役割を変えた」ということに尽きると、私は信じている。

今、これは小売業界でも、世界中で一番大きな課題として直面していることである。消費財という大きなくくりでもそうであるが、あらゆる売場は、実際に、男性が所有している、男性によって設計された、男性によって運営されている空間ばかりで、その空間に対して、女性は忠誠心を持ってついてきてくれ、という一方的な構図が強く残っている。

例えば家電製品の店があって、デジタルカメラ（デジカメ）売場に男性、女性それぞれがお客として来店したとしたら、店員が男性だった場合、男性と女性どちらのお客のほうが先に接客されるだろうか。通常の場合は男性の顧客が最初に接客を受ける。フランスでも、アメリカでも、メキシコでも、東京でも、通常、まず最初に男性が接客される。でも、実はこの場合、女性が本当に何かを買おうと思っているのに対し、男性はただ商品を見ているだけなのかもしれないのである。女性が買うという可能性を低く見たこのような事例はたくさんある。

また、従来型の男女の役割に基づく戦略・戦術も危険だ。家庭内での男女それぞれの役割は現在過渡期にある。男性は以前よりも買い物や料理などの家事を負担するようになっているし、女性が「メカ」に弱いという神話は崩れている（女

DIGITAL CAMERA
俺、ついてきただけなのに
私が買いにきたのに ...

バイク屋さん行ってこよう！
バイクマガジン
リンゴジャム作ろう

性にとって携帯電話やパソコンなどは「メカ」ではなく、すでに生活必需品だ)。発想の転換をして、バイクメーカー製のベビーカー、スチール製メタリックのキッチンなどはどうだろうか。また、女性向けのDIYショップやガソリンスタンドはどうだろうか。

②高齢社会の到来

私たちは、高齢社会において、新しいマーケティングの取り組みをどうすべきかという課題に直面している。最初に高齢社会を迎える日本がぜひともリーダーとして、牽引力として、そのあり方を示していただきたい。

高齢化によって視覚や視力がどう変化し、衰えていくのかということは、製品開発やパッケージのデザイン、また看板等のサインのデザインというコミュニケーション手段において、実はたいへん大きな意味を持っている。

そしてほとんどの場合、このエルダー（高齢者）層が満足できれば、ほかの年齢層にも受け入れられる。先進国の富の六〇％以上は五〇代以上のエルダー層が握っているという事実がある。しかも日本でのこの層は高度成長期を支えてきた層で、消費を快楽として享受し、しかも若者よりサイフのひももゆるい。高齢者は家でお茶をすすって時代劇を見ているという先入観は早く捨てたほうがいい。

また、ブランドの観点からいえば、高齢化に応じてブランドも歳をとる必要がある。ブランドは常に「若返り、若返り」を繰り返してきたが、このエルダーマーケットに対応したブランドも考慮すべきである。

③お金の使い道の劇的な変化

一九六五年と二〇〇五年との生活費の内訳を比較してみると、全く異なる。一九六五年は生活費に占める食費や衣料品代の割合が高く、二〇〇五年には携帯電話やプロバイダー料金などテクノロジー関連の割合が高くなっている。また、一九六五年は、冷蔵庫やコンロなどを買うことが耐久財への主な支出であったが、現在の二〇〇五年は、携帯電話、デジカメ、パソコン、プリンターが必需品になってきている。

当然、一九六五年の食料・衣料品の買い方・買うときの気持ちと二〇〇五年のそれは大きく異なるはずである。一度、自社の商品が生活者の家計・生活費のどれだけを占めているか、そのパーセントはどう変化しているかをチェックしておくのは有効だ。

④食に対する意識の変化

家族の構成や、家族のあり方・関係の大きな変化に伴い、家族での食事習慣は変化してきた。

特に食事での健康意識が高まっている。外食先において、注文するしないにかかわらず、ヘルシーメニューがあるかどうかを多くの人が気にしたり、必ずしも

さすが！★ブランド！
センスがいいわね！
★ブランドの杖
¥10000
無農薬野菜
山田さん家の野菜
安心ね！
MENU
ヘルシーメニュー
●魚のグリル　400kcal
●チキンの炭火焼き　400kcal
SET MENU
＋サラダ＋五穀米　200kcal
カロリー
ひくいやつ！

低いカロリーのメニューを注文するとは限らないのにカロリー表示を気にしたりするのだ。

また、今まで疑ったことのなかった「食の安全」がいろいろな事件、事故によって揺らいでいる。食品の生産者を提示して食への安心を訴求する店まで出てきている。

⑤時間の意味の変化

時間の概念、時間に対する意識が、今、大きく変わってきている。一分でも処理時間を短くしてほしいと思う銀行がある一方で、三〇分も並んで、五分で食べ切ってしまうラーメン屋もある。アメリカでは買い物も、かつては週末に次の週の分をまとめ買いしたのに、今は、店に行ってから、携帯で奥さんに聞いて買うような行動も当たり前になってきている。計画購入が減ってきて、今の分しか買わない。買う前の準備をしないという行動が増えてきている。

⑥競合は誰か？

これまでは掃除機メーカーA対掃除機メーカーB、テレビブランドC対テレビブランドDの競争だったが、今は家電量販店に行けば、商品が多岐にわたっており、同じお金を使って買える商品やサービスが無数にあり、掃除機なら掃除機、テレビならテレビという同じカテゴリー内の競争ではなくなっている。

携帯電話の消費者への急速な浸透が何をもたらしたかというと、携帯電話のサービスや機器にお金をかけることによって、その他の商品の購入を控える人が増えたということだ。携帯電話やそのショップは、他の商品や店舗にとって新しい競合相手となっているのだ。

⑦ロイヤルティの意味の変化

今では、消費者が商品に期待することは以前に比べてずっと高くなり、さまざまな商品やブランドが店頭にあふれている。しかし、その中でブランドに対する認知度が上がっているからといって、また購買意向度が上がっているからといって、ロイヤルティが上がっているわけではないということが起きている。新しい市場環境ができ始めているのである。

また、ロイヤルティも昔考えていたものと異なってきている。

あるビールブランドにとても強いロイヤルティを持っているユーザーでさえも、他のブランドに興味を持っており、それらを喜んで試したいと思っている(昔であれば「私はこのビールだ」といってそれ以外には興味を示さなかったろう)。

あるヘアカラーに忠誠を誓ったユーザーも、たとえすぐにそのブランドに戻る

DVD
DIGITAL CA
ボーナスでDVDを買うか
デジカメを買うか。悩むな～
今月の請求
¥45000
競合は同じジャンル
とは限りません。
今月はケータイ代がかさんだから
今日は買い物できないや。
ガマンガマン！帰ろ！

のだとしても、ある瞬間にはそのブランドに対する忠誠を破り、浮気してしまうこともあるだろう。

調査をしてロイヤルティのスコアを出したとしても、昔のロイヤルティのスコアと現在のスコアは同じ意味とは限らないのだ。

新発売のビールです！
BEER
●●ビール一筋だったが
飲んでみるかな？

＊＊＊＊＊＊＊＊＊＊＊＊＊＊＊＊＊＊＊＊＊＊＊＊＊＊＊＊＊＊＊＊＊＊

これで私もイメチェンしよう！
NEW!
新しい色・新しいうるおい
あ。変わった！
hair col

3 二一世紀のマーケティングツールとは

二〇世紀のマーケティングツール

冒頭で述べたように、二〇世紀にツールとして活用していたマーケティングやプロモーションやリサーチの手法が、もうすでに有効性を失いつつある。マーケティングリサーチの世界では歴史的に二つのツールを用いることによって、メーカーや小売サイドが実施したことが果たして効果があったかを判断してきた。

その一つが「売上」で、セールスデータやPOSから判断するものである。この方法は、ある一週間（あるいは一年間）と他の一週間（あるいは一年間）を比べることによって、どれだけ自分が「物事をなし遂げたか」を測ることができる。これは有益で現実的な情報源ではあるが、「売れない」を見ず、「売れた」だけしか見ないということは近視眼的でもあり、成功の「結果」でしかない。

例えば、あるデジカメ売場に二〇〇人のお客が来たとする。しかしながら、そのうち一〇%の二〇人しか買わなかった。セールスデータからわかるのはその売れた数「二〇」だけである。その「二〇」の売れた理由もわからず、売れなかった「一八〇」の理由に関してももちろんわからない。

マーケティングの世界の中で、最も必要とされるのは、明日の売上を導くことであり、それは、本日どこで購買の「本質」が生まれたかをとらえることである。そのための最も代表的で従来から使われている方法が二つ目のツールで、消費者にさまざまな質問をすることである。

電話インタビューやグループインタビューをしたり、ショッピングモールの出口調査として、一人一人に向けて、店から出るときに、今日は何をしたか、何を見たか、そして何を購入したかを聞くのだ。

しかし残念ながら、それでは実際にものを買うときに、自分の体の中をよぎった心理的、情緒的側面がすべては把握できない。

こんなことがあった。私があるスーパーから出てきた消費者に対してインタビューを行ったところ、彼らはまだつくられていない製品を「購入した」と答えたのだ。自分の行動に対する回答と実際の行動は異なったものになる可能性がある。

二一世紀のツール――トラッキング（行動観察）調査

消費者、生活者の生活を分析するにあたって、私は二〇年間、今述べた二つのツールとは全く違う視点で、行ってきた。

私のベースキャンプであるエンバイロセル社は、ニューヨーク、サンパウロ、ミラノ、メキシコシティ、モスクワ、イスタンブール、そして東京にオフィスを構えているが、その社員全員が毎週末、ただ「見る（ウオッチング）」ということのために時間を費やしている。

【トラッキング調査】

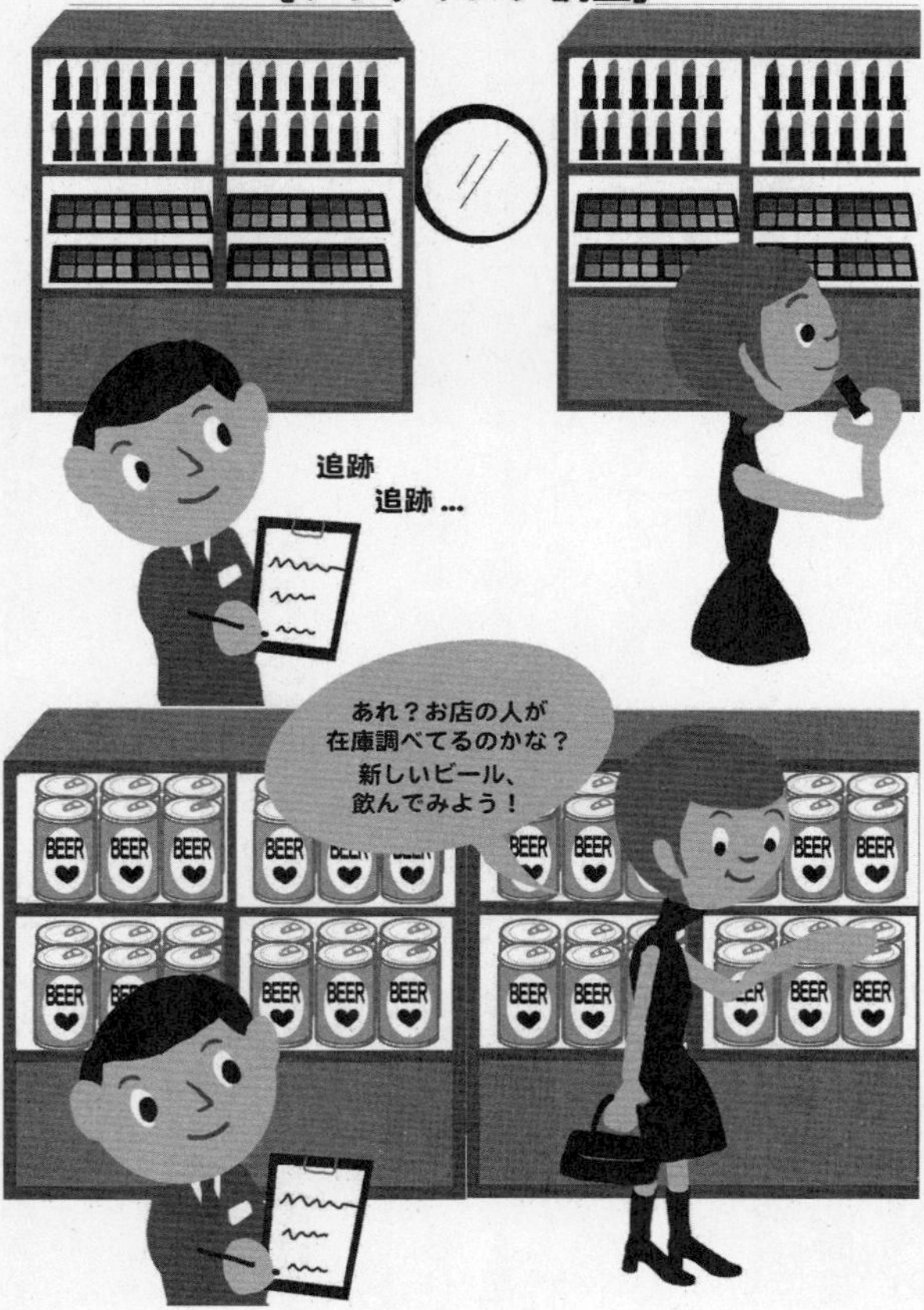
追跡
追跡…
あれ？お店の人が
在庫調べてるのかな？
新しいビール、
飲んでみよう！
BEER

我々の調査というのは、買い物客を追って、見て、記録するということがメインである。それを我々はトラッキング（＝行動観察）調査と呼んでいる。例えば、もしあなたがあるデパートに入ったならば、あなたの後を追ってそのデパートの店内に足を踏み込む。そして、ある化粧品メーカーのカウンターで口紅を選ぶため何本か口紅を触ったのであれば、どの色を何本触ったかを見て、記録する。

もしあなたがスーパーのビール売場でビールを検討したのなら、どのブランドを何秒見て、どのブランドを検討し購入したか（あるいは、していないか）を記録する。検討は「見た」「触った」「手に取った」「パッケージを読んだ」というレベルまで詳細に調査票に落とすこともある。

このような話をするとみな、「買い物客にばれるのではないか」「ばれた結果、買い物行動に影響を与えてしまうのではないか」と心配する。しかし、調査員が買い物客に怪しまれることはめったにない。在庫チェックをしている店員と間違えられるか、全く気づかれないか、の二つに一つ。調査員の目の前で万引きされたことがある、と聞くと、我々は小躍りして喜ぶ。それは、調査員が買い物客に全くばれていないことの証明だからだ。

私たちの社に在籍している者は全員、このトラッキング調査を経験している。やはりその現場、売場で体感できた情報というのが、たいへん重要だからである。

ビデオ調査

調査員は買い物客の行動を腰を据えて見つめていくわけだが、この観察（ウオッチング）だけではなく、同時にビデオでその一人一人の行動を録画している。一年間でトータル一〇万時間という人々の行動をビデオにおさめているが、誰もが多分見たことがないような、一見すると全くつまらない一〇万時間のビデオとして仕上がっている。ビデオ調査からは、買い物客が思わずとったさまざまな行動を発見することもできるし、棚前の通行人数など、単なるカウントすればいい項目を調べる場合にも有効であり、販売員の接客が重要な要素である調査であれば、その会話を記録するためにも効果的である。もちろん、ビデオに写った買い物客の個人情報の管理には細心の注意をはらって行っている。

出口インタビュー調査

また、私たちは〝クイック・インタビュー〟形式で買い物客に店内通路や出口でインタビューを実施する。来店目的・来店頻度や現ユーザーか否かなど、トラッキング調査だけでは判明しないデータを補完するために実施する。

出口調査とトラッキング調査を掛け合わせてこそ見えてくるものもある。例えば、ユーザー別にトラッキング内容をクロスして分析してみるようなことも行っている。

【ビデオ調査】

10万時間ビデオ調査した結果
お客動向が見えてきた。

【出口インタビュー調査】

調査から明らかになること

以上の三つのメソッドで買い物客の行動を明らかにする。明らかにできることは無限にある。棚と通路の関係や、ＰＯＰツールがどうお客に見られているか、どういう経路で売場にたどり着いているか、誰が商品購入を決断しているか、買い物のプロセスにどれくらいの時間をかけているか、何が妨げとなって買わなかったかなど。

販売員の効果を測定することもできる。販売員に声をかけてきた人、販売員から声をかけた人、販売員に全く接客されていない人ごとに、何割の人が購入したかを分析すればいいのだ。

ある商品カテゴリーの売場にどれくらいの人が立ち寄るのか、そして立ち寄った人のうちどれくらいの人が買うのかがわかれば、店全体をどう構成すべきかもわかってくる。よく売れる商品、なかなか買いに来る人はいないけれど見る人は必ず買う商品、見るだけの商品で実際に購入するのはそれに類した商品、などがわかれば、売場レイアウトの参考になるはずだ。

すべての買い物行動を記録しているので無限に分析することができる。流通関係者にはもちろん、メーカーのマーケターにも有効な分析を提供することができるのだ。

店頭でのこのような調査は、広告とブランド・マネジメントの前において幾度ものけ者扱いされ、メーカーはあまり実施してこなかった。当然、調査に多額の金額をかける小売店はほとんどなかった。調査をしないからこそ店頭の重要性が語られることはなく、バッドスパイラル（悪い循環）に陥っていた。マーケティングと売上の関係がはっきりと見られるはずの（マーケティングが売上に効果をもたらす）店内において、我々は今までほんのわずかな情報も得ることができなかったのである。

調査の多くは、流通とメーカーが共同しての依頼だ。メーカーが調査費を負担し、流通が売場を提供して、調査から得られた知見を共有し、その知見に基づいた店頭での戦略を展開していく。

4　売れる店づくりの七カ条

①多様性への対応

多様性への対応は非常に重要である。いうなればお客の違いを認知するということであり、誰が、どこで、いつ、その店内に足を踏み入れたのかということだ。例えば、銀座のコンビニと渋谷のコンビニと郊外にある街道沿いのコンビニとでは、その店内に足を踏み入れる人は、全くそれぞれ多様で、違う人であり、それをどこまで理解できるかが鍵となる。また、同じドラッグストアであっても午前中に来る客層と、夕方に来る客層は違う。

もっといえば、同じお客であっても来るシチュエーションによって心理状況は異なるはずだ。例えばスーパーに、ある主婦が平日に一人で来店したときの心理

MARKET
あぁ〜
忙しいっ
【一人で買い物】
美味しいの
買おうね！
MARKET
【家族で買い物】
convenience store
convenience store
【都会】
【田舎】

状況と、同じ主婦が休日に家族と来店したときの心理状況は異なるだろう。場所、人、時間、シチュエーションなどの多様性を常に意識しよう。

②ライフスタイルを売る

調査結果を店頭展開に有効活用するには、商品ではなく、ライフスタイルを販売するよう意識することが重要である。人々は、お金を使わないことに価値があると思っているのではなく、よりよい生活を手に入れることに価値があると思っている。自社の商品がお客の生活をどう豊かにするのかを見出し、それを効果的に店舗でアピールする。そうすれば自ずとお客はより多くのお金を使うのだ。

③日本の独自性の見直し

私が日本に来て感じるのは、日本という国は、実は世界に対して貴重な「ギフ

わび、さび、控えめ、シンプル…
日本のよさをもっと生かそう。

ト」ともいうべきさまざまな視点を提供していることである。

一つ目は、「実務的」でありながら同時にそこに「美意識」があるという、この二つが融合可能であると示したことである。

二つ目は「ドラマ」——日本的な梨園の世界とか、いうなれば文楽とか能のような世界、要素を、世界に提供してくれたと思う。

三つ目に、日本が世界に対してもたらしてくれた大きな要素は、「少ない」こと、「シンプル」なことが、実はたいへん大きいこと、深いことを意味するということである。例えば、研ぎ澄まされた「禅」の世界であるとか、一輪の花の中に見出される美意識、「俳句」という制限された言葉数の中で凝縮したコミュニケーションをはかっていくという、研ぎ澄まされた中における、深さ、広さ、大きさというものを、日本は伝えてくれる国であると思っている。

しかし、こんなにすばらしい哲学を日本は持っていて、世界に知らしめてくれたにもかかわらず、日本の店舗にいざ足を踏み入れてみると、そこには海外の高級ブランドの世界が大きく幅をきかせていて、また、看板をマシンガンのようにドドドドッと撃ちつけているような店舗にしかなっていない。

日本で昔から尊ばれている、わび、さび、控えめであること、そして、文楽に見られるような世界、禅に見られるような世界の要素というのは、どこに消え去ってしまったのだろうか。

④クリエイティブな力の重要性

優秀なマーケターや流通スタッフになるためには、クリエイティブになることが必要であり、そういうクリエイティブな力を発揮するためには、さまざまなマーケティングの機会、マーケティングのチャンスというものに対して自分から活発に取り組む姿勢が必要になる。

店に来たお客に何かを読ませたいと思った場合は、読める環境をつくらなければならず、つまり立ち止まってでも何かを読みたいというような落ち着く場所を提供しなければならない、という発想をすべきである。いいポスターや広告をつくっただけではクリエイティブではない。そのクリエイティブを受け入れる環境まで発想しないと本当のクリエイティブとは呼べないのだ。

⑤店舗での改善の優先順位付け

店内におけるそれぞれのマーケティングツールの効果というものには、広告を打ち出すときに必要な媒体の選定と同じくらい細やかな配慮をしなければいけない。例えば二一世紀において勝ち組に入るためには、自分たちのフロアスペースを理解するのに際し、床自体や照明器具がどうなっているのかさえ、徹底的に把握することが必要である。

またそれだけではなく、私たちがリサーチの専門家としてよく考えることは、それぞれの店舗において、明日までに改善できることは何か、二カ月後に改善できるのは何か、一年後には何ができるかということを見極めて、実行策をとっていかなければならないということである。明日までにできることはたわいもないことかもしれない。しかし、その小さな勝利の積み重ねで大きな勝利がもたらされることを忘れてはならない。

⑥ゲリラ的マーケティングの勧め

二一世紀のマーケティングや広告のあり方を考えるとき、どういう機会に、ゲリラ的マーケティングという要素をうまく盛り込んで展開していけるかを見極めることが重要であると思う。その店舗の売場の中で、コミュニケーション手段として、いかにこのゲリラ的マーケティングの機会をうまく見出すかということである。まさにその場において、購入決定がされているわけであるから。

まず第一の機会はたいへんシンプルである。例えば、電車の中で座っている人に対して、いかにコミュニケーションをしていくかということである。日本の電車の中で人々が座っている、そういった状況下で、これをどう効果的に成し遂げることができるかである。

二つ目は、ウェブというマーケティングツールを店内に導入することでゲリラ的なマーケティング機会を模索するということである。家電を扱っている店内でウェブサービスを提供して、物理的な空間とサイバー上の空間がシームレスに、境目なく融合するという形を経験させることができる。

もう一つのゲリラ的マーケティングの機会は、一つ一つの「瞬間」を狙っていくということ。例えば、アメリカのガソリンスタンドはセルフサービスがたいへん多く、自分でガソリンを給油しなければならないのだが、そうすると、車の大きさによっては三~四分、ずっととどまっていなければならない。絶対的にそこで過ごさなければいけない「瞬間」があるのだから、この三分か四分の時を利用して、効果的にメッセージを提供したり、商品を印象付けるゲリラ的マーケティングを行うことが可能である。

⑦楽しさの付加

そして最後に、忘れがちであるが、〝FUN〟＝「楽しい」という要素がその買い物にあるかどうか、ということが重要である。実際にショッピングをするうえで、単にものとお金との取引、やりとりということだけでなく、それ以外にそこに楽しい要素がなければ、そのお客との関係は一回限りになってしまうかもしれないのだ。

5　マーケティングのラストーマイル＝売場

ゴム底靴での現場観察

私の信念は、ゴム底の靴を履くということである。

二一世紀の勝ち組になれるかどうかは、流通やメーカーのマーケティング部門の役員の方々がゴム底の靴を履いているかどうかで決まるといっても過言ではない。ゴム底の靴というのは、かなり長時間履いていても疲れず、くまなく売場を歩くことができる。したがって、実際に購入が決定されているその場に、それだけ足繁く通うことができるのだ。

大きな机に向かって座り、じっと考え、アイデアを練るというのも、たいへん重要なことである。マーケティングに携わるような方々なら、通常の場合、自分

ハイ！
SHOP
SHOP
SHOP
靴底はラバーで、
売場をリサーチ。
歩き回るぞ！

の席についてコンピュータ画面を見ながら、さまざまな統計状況などを見るのが常だと思う。ビジネススクールのようなところでも、自分の席でデータとにらめっこしながら、問題解決を図る方法を考えたりする。

しかしそこですばらしいアイデアが出てきても、そのすばらしいアイデアというのは、残念ながら、うまく機能しないということが、往々にして世の中にはあると思う。そのアイデアが「マーケティングのラスト一マイル」である売場とはかけ離れているからなのだ。

このビジネスの生業《なりわい》というのは、歴史的に見てみると、机の上で練られた案が、ずっとらせんを下っていって、売場に押しつけられてきた。これからは逆に、現場で、売場で何が起こっているのかということを、逆のスパイラルで吸い上げることによって、それを経営に汲み上げていくというのが、将来の望むべき姿だと考えている。

何を見るか

では、そのゴム底靴を履いて売場という「現場」で何を、どう、見るのか。

まず最初にその店の外に立って、通行人がその店のウインドーをどのような形で見るかを観察する。次に、今度はその店の入口のところに立って、右からその店に向かって歩いてくる人、左から向かってくる人がどのような形で店に一歩足を踏み入れる動作をするかを見る。

次に店内の通路へ入っていき、その通路で、お客がどのような形である商品を手に取るかを見る。何かを読んでいる場合は、実際に何を読んでいるのか、どれぐらい長い間それを読んでいるのかに着目して見る。また手に取っても、買わないで元に戻された場合は、きちんと元どおりの場所に戻したかどうかも見る。

次に接客している二人の店員に着目して、比較をしてみる。接客をする場合、お客が一言「いいえ」というだけで終わってしまうような会話をしていないかどうか、自分たちの接客方法が何であるのか、そしてどういった角度でお客と接点を持っているかを見る。

このような徹底的な観察の経験から顧客の行動の本質が発見でき、具体的な売れる店づくりへの施策をつくるときにそれが絶対に生きてくるのだ。

店舗観察に求められる資質

我々の会社であるエンバイロセル社の社員は、一年で約一〇万時間、店舗での顧客行動を観察して映した、長々としたビデオ映像を見ている。したがって、我々は最初に、人々の歩き方を見ることによって、その後の行動がある程度予想できる。六本木であろうが奈良のショッピングセンターであろうが、歩き方によってその人の嗜好がわかる。もちろん、最初からこうはいかなかった。こうなるためには店舗観察の経験が必要であるが、そのときの必要な資質はなんだろうか。

忍耐力
こちらのお客様はスタイリッシュな方だから、1Fのセレクトショップに行くだろう.....
禅（無心）
禅の心、無心の心を持とう
いらっしゃいませ
禅（無心）

まず求められるのは、忍耐強さ、そして立ち仕事になんら抵抗なく、ずっと立っていられる人。休日の駅前の家電量販店のようにお客がひっきりなしに来る店は問題ないが、平日午前中の郊外のドラッグストアではなかなかお客は来ない。来ないだけに一人も逃せないので精神的なプレッシャーもある。

あと、強いていえば「禅」の心を持った（無心である）人が求められるのである。仮説を持つことは大事なことであるが、最初から「色眼鏡」でお客を見ると、その先入観どおりにしか見えないものだ。

戦略から戦術へ

今まで、二〇世紀のマーケティング論というのは、やはり戦略を立てるということを一つの大きな柱にしていたと思うが、二一世紀においては、柱は「戦略ではなくて、戦術にある」というふうに考えている。流通やメーカーのマーケターは「財布」を争奪するために最大限の努力をしても、例えば、スーパーマーケットでの顧客の買い物の約六〇〜七〇%は、いまだに計画外の買い物なのだ。実際に、単にぶらぶらとウインドーショッピングを楽しんでいる人と、本当にその中でものを買う人という部分の比率構成がどうなっているのか。また、年齢層によって、その人たちがどういったものをどういう形で購入しているのか。さらに、男性であり女性であるという性の違いが、ものを売ったり買ったりするとき、どういう影響を与えているのかということが、まだ十分に解析されていない。

マーケターは明日にでも、この問題の解決の糸口を見つけなければいけないというギリギリのところに追い込まれているにもかかわらず、それが見つかりそうにないというのは、たいへん重大な危機状態であると思っている。

コラム1

このビジネスをするきっかけ

私は私自身のことを「大学からの難民」といっている。約三〇年前のことだが、私はほんとうに貧しい、大学の博士課程の臨時の講師だった。環境心理学という学問分野で、「空間が人の行動に与える影響」について講義していた。しかし、そのときの私の講義は最低最悪のものであり、言葉で話して人々に講義するのではなく、実際に行動するほうが私には向いているのだと気づいたのだった。

また、自分は職業として「都市における地理学者」とでもいえることもやっていた。ビルの屋上など高いところから人々が地上を歩いている様子を見て、その結果を都市計画に生かすという仕事だ。ただ、私は高所恐怖症で、強風で揺れているビルの屋上にいるだけで具合が悪くなってしまい、そろそろ仕事を変えねばと常々思っていた。

その二週間後、私はニューヨークのある銀行にいた。その銀行にいながら私はすごく苛《いら》立っていた。それはサービスの内容に対して苛立ちを感じていたのだが、そのときハタと気づいた。私がやっていた仕事は、屋上から人々を観察し、地上のどこに何を配置すればいいかを分析することなのだが、同じようなことを店舗内でもできるのではないかと。つまり、バス停をどこに設置すればいいか、タクシーの待合乗り場の場所をどのように設置すればいいか、ということと同じように、棚やテーブルをどうレイアウトすればいいのか、店内ポスターをどこの位置に置くといいのか、を調べることができるということだ。

いうなれば、たまたまアクシデントとして、偶然今の職業につけたわけだ。高所恐怖症だったがために、今の職業にありつけたといえる。

ただし、この仕事を始めたときは散々であった。どのようにビールを売ればいいのか、どういうふうに化粧品売場の設計をすればいいのか、どのようにデジタル家電のお店をデザインすればいいか、など当時は誰も気にかけなかったのだ。

二一世紀というこの時代にいることの一番の喜び、そしてすばらしいことというのは、出発点と最終的なゴールというものが全く違うものであることもあり得るということだ。その可能性を生むのがこの時代といえる。

Ⅱ

つい買ってしまう法則

法則1　入口をコントロールする

この店は何の店かを一〇秒で伝える

通りがかりの人に、足を止めて来店してもらうためには、あなたの店が何の店なのか、お客さんにとって自分のための店なのかどうかを短時間に伝えられるようにしなければならない。

例えば、横断歩道の向こうからやってくる忙しい現代人に読ませるためには、一〇秒くらいで見られるようにメッセージの内容、見せ方をコントロールしたほうがいい。

まず店に入ってもらうために、ビジュアル（情報）のマーチャンダイジングが必要、という発想だ。目的を考えて有効なメッセージの優先順位を決め、店のそばを通る人に向けてあなたの店の特徴を的確にアピールすることが必要なのだ。

イロハ自動車
車のことなら
イロハ自動車
イロハ自動車
イロハ自動車
イロハ自動車
看板はお店の
はじまりです。
BUS
STOP
あれ！？
新しく車屋さんが
できたんだなぁ～！
BUS
STOP

もう一つ考えておきたいのは、店がどこから始まっているかということである。店舗そのものや敷地内が店の始まりとは限らない。例えば、看板（屋外サイン）は店の始まりであるし、駐車場から店が始まっている場合もあるだろう。近くのバス停だって店の一部ととらえるべきだ。そう考えると、結構離れたところから誘導するためのアピールが必要なことがわかる。

外に出て自分の店の始まりはどこかを確かめてみよう。あなたの店は何の店かわかりやすく魅力的にアピールできているだろうか。

法則1 入口をコントロールする

どこが本当の入口なのか考える

「本当の入口って？ 決まっているじゃないか」と早まってはいけない。改めて、どこが本当の入口なのかを考えてみよう。例えば、ショッピングセンターでよく見かけるのは、正面の入口（つまり、歩行者が入ってくる入口）はすごく立派なのに、実はほとんどの買い物客はクルマで来店するというケースである。駐車場から入る買い物客は、薄暗く殺風景な入口から入らなければならない。しかし、ほとんどの買い物客にとって、この駐車場からの入口こそ〝本当の〟入口なのである。

自分の店のお客さんが実際にどの入口を利用しているのかを見極めることが必要だ。本当の入口を最初に迎えるのにふさわしい場所にすることは、いい印象を与えるために大切なことはいうまでもないが、重要なことは、どこからどんな買い物客が入ってくるかによって商品の配置も決まってくるということだ。本当の入口を知らなければ、的確な店づくりも難しい。

テナントで入っている店の場合は本当の入口がわかりにくいことがある。エスカレーターから、エレベーターから、あるいは他の店から回ってきたりもする。どこからどういう人が入ってくるのか、一番お客さんが入ってくる動線はどこなのかということをきちんと把握しよう。

どこからどんな買い物客が入ってくるか考えよう！
ABC
SERVICE CENTER
EXIT
WELCOME
P
P

法則1　入口をコントロールする

ランディングゾーンで情報発信はNG

また、買い物客にとっての入口は、「ランディングゾーン」だということも重要である。ランディングゾーンとは、お店の扉を入ってから売場までのゾーンを指し、外から、あるいは別のお店から入ってきた買い物客は、ここでその店になじむための準備や調整をする。歩く速度を変えたり、照明の明るさに慣れたり、視野を変えたり、歩きながら無意識のうちに調整しているのである（しかも、年齢を重ねるごとに調整のための距離は長くなる）。したがって、入ってすぐのそこの場所がもったいないからといって、商品をいろいろ並べたり、ＰＯＰやサインを掲示したところで、ほとんどのお客さんは素通りしてしまう。むしろ、入口の部分はお店の中と外との調整をする空間・時間として、うまく雰囲気を演出す

WAY OUT
INFORMATION
INFORMATION
本日より
バーゲン
開催！
5F催事場
うまいもの市
【ランディングゾーン】
（店になじむための準備や調整）
POP
RN
POP
RN
MANGO
MANGO
MANGO

ることが望ましい。

入口に関連してもう一つ。もし、あなたのお店にインフォメーションデスクがあれば、買い物客とのコミュニケーションのチャンスとして有効活用を考えよう。インフォメーションデスクに来る人のほとんどは案内係のスタッフに声をかける。声をかけずに横のラックからフロア図や催事チラシを取っていく人は少ないであろう。そこで買い物客は立ち止まるので、そのときにうまくコミュニケーションを図ったり、メッセージを伝えたりすることができる。

法則1　入口をコントロールする

「入口でのあいさつ」はアピール＆セキュリティ

入口に人がいてあいさつをすることは、買い物客に好印象を与えるのと同時に、不審者の侵入を防ぐセキュリティの意味もある。

入口の印象は大事である。例えば、百貨店に行くと、入口に店員が立って「いらっしゃいませ」とあいさつしている。あいさつをすることは基本的なことだが、非常に効果がある。

もう一方で、これにはセキュリティの意味もある。セキュリティというと、いかついガードマンを置くという話になりがちであるが、特にガードマンでなくても、そこに人がいるだけで（たとえ、それが女性の店員であっても）、泥棒とか怪しい人物は入りにくいなと感じるものである。必ずしも、警備会社にガードマンを依頼しなければならないということではない。

店員があいさつすれば、印象を高めながら、結果的にセキュリティにもつながる。アピール＆セキュリティの一石二鳥である。ガードマンを雇う費用がいらないと考えると一石三鳥か。

THE ENTRANCE
この店、なんだか入りにくいなぁ～
Department Store
いらっしゃいませ！こんにちは！
あ…どうも…
INFORMATION
WELCOME

法則2　商品を生活シーンの中に置く

「生活サンプル」を提供する

商品をあたかも現実の生活の中にあるような状態で触れてもらう、つまり、「生活サンプル」を提供するのが理想の売場。

クルマに乗ればＣＤや地図やペットボトルがあるのが普通。高級車のトランクにはゴルフバッグ、ファミリーカーにはチャイルドシートやベビーカーを。それによって、自分がこのクルマを使用しているシーンが想像できる（展示車の座席にはよくビニールカバーがかかっている。気持ちはわかるが、買い物客の想像する世界を邪魔してはいけない）。

実際、化粧品やドライヤーを「鏡台（洗面所）まわりのディスプレイ」として置いてあることはままある。ただ、そこにはほかに鏡とイスとティッシュしか置

**リアルな鏡台に仕上げれば、
商品体験がしやすい**

かれておらず、実際の家にある鏡台（洗面所）とはかけ離れたものになっている。これではダメだ。リアルな鏡台に近づけないと意味がない。

「生活サンプル」を提供することを徹底した売場がある。あるインテリアショップなのだが、そこはあたかも誰かが住んでいるような家なのである。部屋の一部を再現した売場はよく見るが、ここは違う。ベッドがあり、その横にはランプもあり、ワードローブがあって、そこにはガウンなどの服もかかっている。窓にはカーテン、窓の外には植物がある。来店客はおしゃれな友達の家に招待された感覚になるほどである。

法則2 商品を生活シーンの中に置く

ありすぎるくらい鏡を

ファッション性の高い売場では鏡を多用したい。一般的にありすぎるくらいでいい。鏡を見ようと思った買い物客が鏡を探しているようではダメだ。洋服売場、化粧品売場、アクセサリー売場は当然であるが、携帯電話売場にだって鏡は重要だ。日本の、特に若い女性にとって、携帯電話は単なる通信ツールでなく、一つのファッションアイテムであると私は思うからだ。

最も鏡を効果的に使っている例を紹介しよう。ある高級サングラス売場なのだが、まず鏡が大きい。サングラス売場の鏡は自分の顔が見えるくらいのサイズであることが多いが、この売場は全身が見えるくらいに大きい。サングラスが顔だけでなく洋服や体型にも似合っているかを見てもらうためである。またこの鏡のところには照明が仕込まれている。「サンセット」「ナイトクラブ」などに照明が切り替えられ、どんなシチュエーションでも似合っているかどうかがチェックできる。顔に似合っても体全体で見て似合っていなければ意味がないし、サングラスが蛍光灯の下で似合っても意味がない。考えてみれば当たり前なのだが、鏡の意味をとことん考えてこそ、このアイデアが出たのであろう。

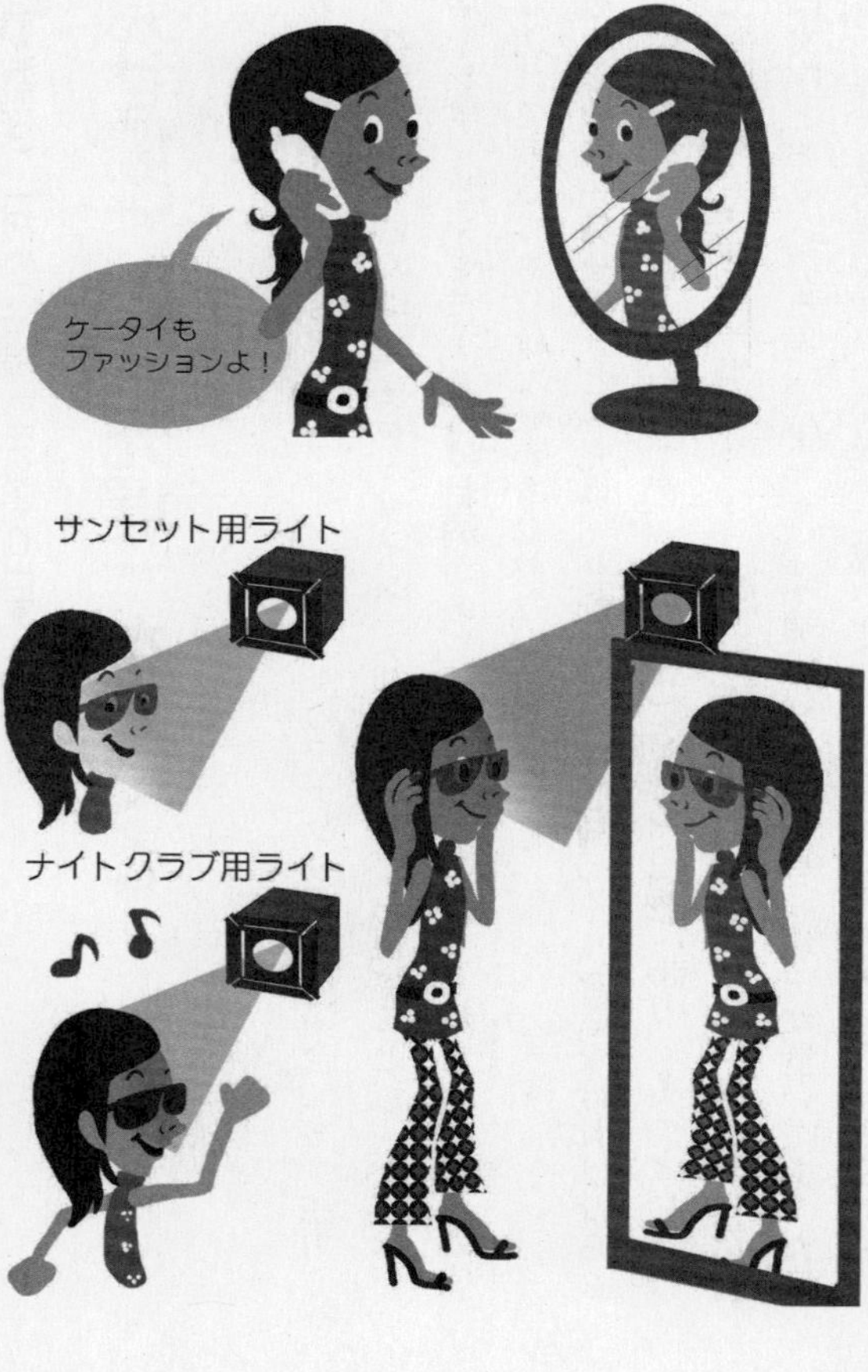
ケータイも
ファッションよ！
サンセット用ライト
ナイトクラブ用ライト

法則3　「初めの一歩」をつくり出す

「見せ場」と「売場」をつくる

　あなたの店が百貨店やショッピングモールのテナントである場合にまず注力しなければならないのは、「ステップイン」（初めの一歩）を促すことだ。お客は百貨店やショッピングモールには目的があって訪れているかもしれないが、その店には訪れてみるつもりはないかもしれないからだ。

　そのために「見せ場」と「売場」を割りきって店舗づくりをしなければならない。「見せ場」とは「この店で買う気を起こさせる」場であり、もっといえば「店に入る気にさせる」場である（えてして通路側の一部のスペース）。「売場」とは文字どおり「売る場」。よって、極端にいえば、「見せ場」に置いてあった商品に惹かれ店内に入り、「売場」に置いてあった商品を買うという仕組みでいい

SALE
SALE
いらっしゃいませ！
こんにちは
WELCOME
SPORTS
FASHION
SPORTS DRINK
SPORTS DRINK
SPORTS DRINK
SPORTS DRINK
うわ！かっこいい！
あれ？中でSALEを
やってるのかな？
入ってみよ

のである。

この考え方は「常識」として、あらゆる店ですでに実践しているであろうが、悪い例をよく見る。一つは、「見せ場」が本当に見せるためだけの場で、ガラスケースに囲まれ、触ることも試してみることもできないところだ。もう一つは、「見せ場」であるはずなのに、一番売りたいもの（セール品など）を置いてあるところだ。これでは通路側だけで購買検討が行われ、店舗の中には入ってこず、店舗全体として効率が悪い。

キレイすぎる陳列はNG

法則3 「初めの一歩」をつくり出す

商品の検討段階は見る、触れる、そして、手に取る、と進んでいく。当然その段階が深いほど、購入まで至る率は高い。

では、この検討段階を進めていくにはどうしたらよいだろうか。いろいろな方法があるだろうが、ここでは、「よかれと思って実施したのに結果的に悪かった」例をあげてみたい。

それは、「キレイすぎる、整然としすぎる」陳列である。シャンプーを棚に隙間なく並べ、商品の向く方向も全く一緒で、まるで装飾物のような陳列である。その陳列の担当者は商品のドミノ倒しにならないように一生懸命に陳列したのであろう。しかし「キレイすぎる」と手に取らないのがお客の心理である。この陳列棚は「見るためだけのディスプレイ」であって手に取ってはいけないものだ、と無意識的に判断するのだ。商品数を絞り、商品間の隙間をつくるべきだ。商品と商品のスペースの「余裕」が商品を検討しようとする気持ちの「余裕」を生むのだ。

また「キレイなディスプレイ」は、手に取ってもし買わなかったら、またキレイに戻さなくてはならないのは面倒だ、という判断をされて、手に取らないこともある。アパレル売場で洋服がキレイに畳まれて陳列されているのは確かに美しいが、「ハンガーなら畳まなくていいし、片手で見られるのに」というのが主婦の声だ。

MUG CUP
きれいだわ！
でも買う気がしない

MUG CUP
あら？
これはよく売れてる
商品なのかなっ？

法則4 買い手の「言葉」で語る

買い手が欲しい情報の形で伝達

例えば、洗濯機や冷蔵庫などの家電製品の場合、容量が書いてあったとして、どれだけの人が実際にそれの意味することをわかっているだろうか。容量を数字で見せるのではなく、実際にどれくらいの量なのかをペットボトルなど容量が実感できるもので見せたらどうなのだろうか。えてして、メーカーのエンジニアの使っている言葉はお客の言葉に置き換えることが必要だ。お客さんが聞きたいことは何かをつかみ、わかりやすく正確に伝えるのはたいへん難しいことである。エンジニアが考える「こういうものがユーザーにとって効くんじゃないか?」ということと、実際のユーザーの考えは異なることも多い。

一生のうち、例えば洗濯機を買うのは三回か四回。だとすると、ほとんどの人

食べ盛りの子供がいるから
ウチはもう少し大きいのがいいわ！
●余裕の200L
●3ドアノンフロン

こんなにたくさん
入るんだ！
●全自動
●9kg洗い
●洗濯＋乾燥
●防水パン

がみな毎回、初心者の状態でお店に来る。前回買ったときよりテクノロジーが発達して全く聞いたこともないような機能が付いているのだ。最新の情報だけ伝えてはダメだ。どれだけの情報を伝えなくてはならないかを、初心者の視線で考えないといけない。

製品の使用方法、使用者は時代とともに変化してきている。世代によってどんどん変わっていく。独身、結婚、子供が生まれる、リタイアする、の四つのライフステージに応じて的確なメッセージを伝達する必要がある。

法則5　イメージを活用する

イメージで伝えるディスプレイ

昔のウインドーディスプレイは、「私たちはこれだけの量の商品を扱っています」とでもいわんばかりの商品を数多く並べたものであった。しかし、同じ商品をあらゆる店舗で取り扱い、量・品数が必ずしも店舗選択の理由になっていない現代において、この方法はあまり有効的でない。どちらかというと逆で、雑然とした印象を与えてしまい、来店をためらってしまう。実施するなら店内でディスプレイしたほうがいいだろう。

現在のウインドーディスプレイはイメージをうまく活用したものとなっている。アパレルであれば、マネキンを最大活用し、その位置や手や足の曲げ方、首の傾き加減によってストーリー性を持たせている。それだけで芸術的なものとなっており、すばらしいものであれば見るだけでそのブランドを着ている想像が膨らんでいく。

日本はマンガ文化をつくり、とても幅広く開花している国である。イメージで伝える能力、イメージで理解する能力に長けているはずなのに、イメージを有効的に使うコミュニケーションは下手だと思う。特に店頭のディスプレイなどの小売の現場で忘れ去られている。

SWIM WEAR
うわぁ〜。
カッコよすぎる！
水着もずいぶん変わった〜。
スイミング始めようかなぁ〜

法則6　人の動きに合わせる

人はカニ歩きしないので、商品は通路に対して斜めに

店舗の責任者に、自分の店の通路をお客はどうやって歩いているのかと、実際にやってもらうと、大抵の場合、通路の進行方向にまっすぐ歩く。だから、私はカニ歩きをしてみせながら、「いや、こうやって歩いているはずだ。なぜなら、商品は通路に対して平行に置かれている。だからカニ歩きしないと商品をちゃんと見られない」という。

しかし、やはり人はカニ歩きはしない。つまり、商品が通路に対してまっすぐに向けて置かれている場合（ほとんどがそうなのだが）、商品は人にアピールしていないことになる。

歩いている人には角度を付けたほうが見やすい。通路に対して斜めに置けば目

POP
POP
POP
POP
POP
POP
POP
NEW

に入ってくる。買い物客は正面だけでなく、左右から来るので、どちらからも見えるように、展示台自体の向きや、商品のフェースの向きにちょっと手を入れるべきだ。

最初に日本に来たとき、ある大手スーパーに対して、エンド棚の商品の向きを一五度変えるようにアドバイスした。その結果何が起こったか？　人の流れが変わったのである。ちょっとした展示の仕方で商品のアピール力は高まることを示している。

商品だけでなく、サインも同様。カウンターに置いたり、掲げたりする案内板は、カウンターに平行に設置するのではなく、お客さんがカウンターに近づく方向に向いているべきだ。

法則6 人の動きに合わせる

右利きが九〇%、それを前提にした店舗づくり

世界の九〇%の人は右利きである。だから、(左利きの方には申し訳ないが)右利きの人が買い物をしやすい店舗にすれば売上が上がるはずである。しかし、スーパーなどでは、なぜか世界的に右回りの導線が多い。日本も同様で、店舗の幹部の方はみなさん「右回りがいい」という。その根拠は、どうやら、人はすれ違うときに左側通行になるというように、右回りのほうが回りやすいと信じられているところにあるらしい。しかし、仮に、回りやすさとしては右回りがよいとしても、それによって商品が売れるかどうかは別の問題である。歩きやすくても、商品を手に取ってくれなければ意味がない。左側通行が人間の歩き方として自然であっても、それと商品を取りやすい=売れるということは違う。

右利きの人にとって、商品を取るときは右手を伸ばして、という形が自然である。無理に左側のほうに右手を伸ばすよりも、手を広げるように、右側に伸ばすほうが自然な動きであり、「右利きが九〇%」である以上、それを前提にした店舗づくりというのは非常に重要な視点である。つまり、買い物カゴを左手に持ち、利き手で商品を取りやすいように、右手方向でゾーニングは考えたほうがいい。注目してほしい商品は通路の右側に置き、左回りのレイアウトにして、最後にレジを置くというのが基本である。

IN
OUT
SALE
DELI SOUP

法則6　人の動きに合わせる

ときに人の動きをコントロール

人間工学的に見て当然の動きに対しては、我々はその動きに合わせてプランニングしなくてはいけない。ただ、人の動きをコントロールできる場合もあることを忘れてはならない。

例えば、オープンカフェやショップ・イン・ショップのように入口がいくつもある店がある。お客さんにとってそれはもちろん便利なのであるが、お店にとっては入口がいくつもあるとそのすべての入口のランディングゾーンをマネジメントすることはとても難しくなる（ランディングゾーンについては法則1参照）。お客さんにとっては、入口がいくつもあることによる「オープン」な雰囲気が大事なのであって、実際には一つでもよかったりする（もちろん混雑している店は

CAFE
CAFE
CAFE
CAFE
あったあった！
入口、ここだね～！
WELCOME

その限りではない)。となると入口がたくさんあるのに、実際には一つの入口から入ってもらうようコントロールしなければならないのだが、そんなことができるだろうか?

ある入口だけ大きくしたり、色を塗ったりすれば可能だろう。ただ、もっと簡単にできる。メインの入口にしたいところの床にマットを敷けばいいのだ。または、等身大POPくらいの装飾物を入口の両サイドに置いて、あたかも「門」のようにすればいいのである。

法則7　情報を整理する

メッセージはマシンガンではなく、ライフルであるべき

日本は漢字があって欧米とは異なる文字文化、サイン文化であることは理解できる。しかし、それにしても、あまりにも店内に情報があふれている。クルマのディーラー、家電量販店、携帯電話ショップ、あらゆる店で、明らかに物理的に読めないほどの量のＰＯＰ、メッセージが存在する。店側にしてみれば、「これだけ出したんだから」と安心感があるのかもしれない。しかし、見る側からしてみれば、多すぎてかえってどれも目に入っていない。過ぎたるはなお及ばざるがごとし。メッセージは、数撃ちゃ当たるのマシンガンではなく、狙いを定めて撃つライフルであるべきだ。

メーカーから提供されたＰＯＰとかパンフレットをいきなり「どこに置こう

か」という発想で置いてはいけない。まず、買い物客の立場で「これはいるか、いらないか」という発想が必要。メーカーは競合他社とのバランスを考えてPOPなどを用意するわけではない。むしろ、他社に負けない量を展開しようと考えるだろう。それを全部そのまま置いていては、情報の洪水になってしまう。店側が自分の店の買い物客の特性に合わせて、必要な情報を選ぶ必要がある。

店舗独自のPOPも同様である。いろいろ書きたい気持ちはわかるが、顧客がPOPに何を望んでいるかという発想で、本当に必要な、伝えなければならない情報に絞り込もう。

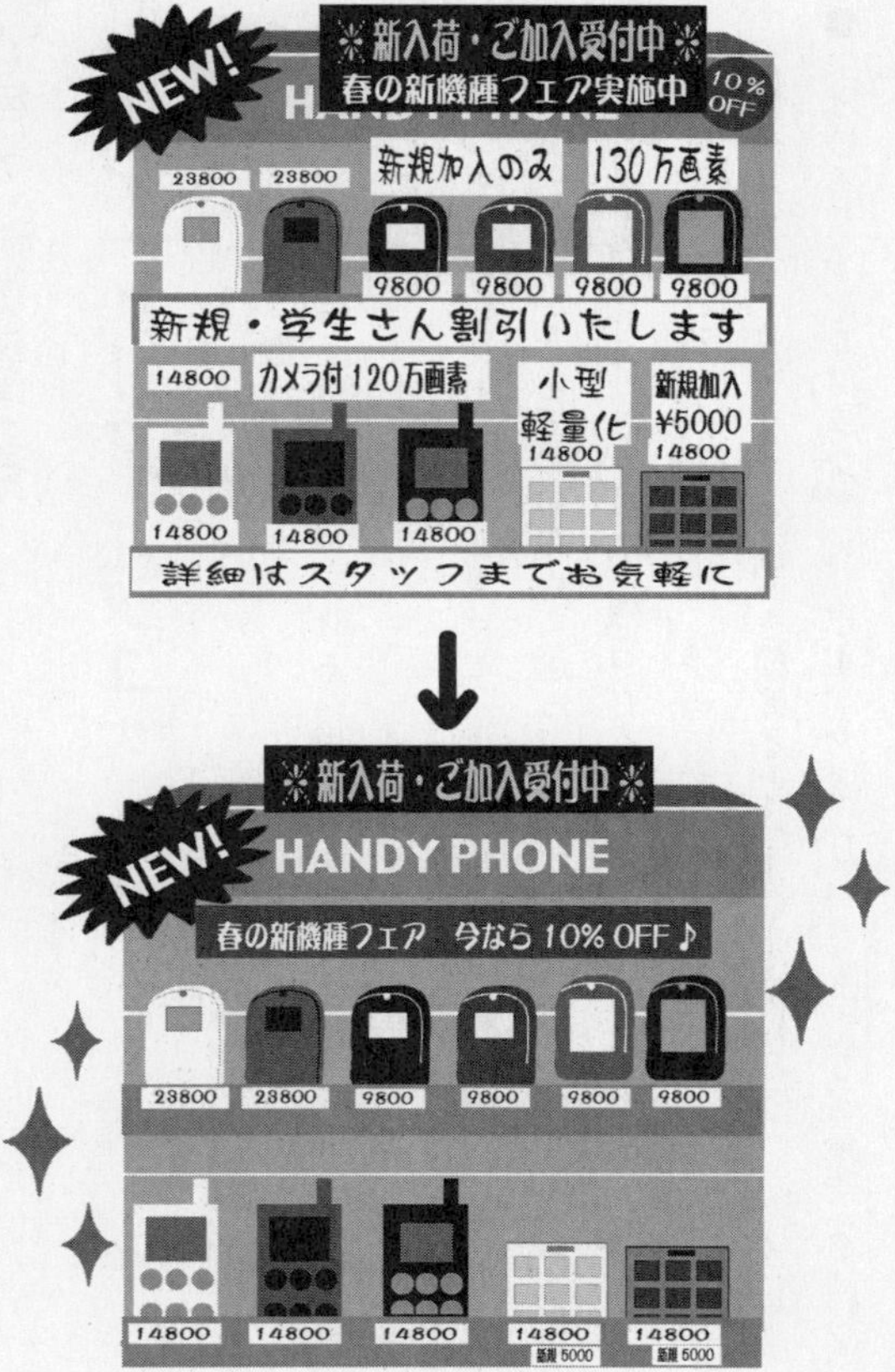
NEW!
新入荷・ご加入受付中
春の新機種フェア実施中
10% OFF
23800
23800
新規加入のみ
130万画素
9800
9800
9800
9800
新規・学生さん割引いたします
14800
カメラ付120万画素
小型
軽量化
新規加入
¥5000
14800
14800
14800
14800
14800
詳細はスタッフまでお気軽に
新入荷・ご加入受付中
NEW!
HANDY PHONE
春の新機種フェア　今なら10% OFF ♪
23800
23800
9800
9800
9800
9800
14800
14800
14800
14800
14800

法則7　情報を整理する

情報の「トリアージュ」

マシンガン状態になっているメッセージやサインをどうやって減らしていけばいいのだろうか。

私はいつも「情報のトリアージュ」という話をする。野戦病院の看護師は、担ぎ込まれてきたけが人を三つの視点で選んで治療にあたるそうだ。三つの視点とは、「あまり手当てしなくても生き残る」人と、「手当てしても無理」な人、「手当てすれば生き残れる」人だ。当然、手当てすれば生き残れる人から対処していく。これをメッセージ・サインに置き換えると以下のようになる。

●生き残るサイン＝ブランドシンボル、メインメッセージなど重要なもの

●死にゆくサイン＝不要な・煩雑な要素で取り払うべきもの

※新入荷・ご加入受付中※
NEW!
HANDY PHONE
春の新機種フェア　今なら 10% OFF ♪
23800
23800
9800
9800
9800
9800
14800
14800
14800
14800
14800

死にゆく
サイン
ブランドシンボル
メインメッセージ
工夫をこらして
生かすべきもの
生き残る
サイン
NEW!
手当てをすれば
生き残る
サイン
※新入荷・ご加入受付中※
春の新機種フェア実施中

●手当てをすれば生き残れるサイン＝工夫をこらして生かすべきもの

ドラッグストアの例を紹介しよう。そこでは、風邪薬のPOPを個々の商品別に置かず、どんな成分が何に効くかをPOPで語っていた。そうすると、風邪薬を選ぶ人は、商品をPOPと照らし合わせることで、自分の症状に向いているかを判断しやすい。風邪薬の選択基準を提供するという形で、買い物客の有用な情報に絞り込めている。

法則7　情報を整理する

商品の品揃えも整理

メーカー別の陳列は簡単だ。あまり頭を使う必要がない。しかし、買い物客にとっては、自分の欲しい商品をAブランドで探し、Bブランドで探すということを強いられ、あまりメリットはない（メリットがあるのは、ブランドで揃えたい人だけだ）。

あるアメリカの百貨店では、他の百貨店がブランドごとに分かれているのに対して、商品アイテムごとの展開を長年している。お客さんはセーターが欲しいと思ったら、セーターのコーナーに行き、自分のサイズのところから選べばいい。あちこちAブランド売場、Bブランド売場に行かなくても一カ所で比較検討ができる（日本でも採用している百貨店はある）。

商品アイテムごと以外にも、例えばヘアカラーなら色別が便利かもしれない。あるいは、化粧品なら、美白系、保湿系、アンチエイジング系など、買い物客が求めている商品タイプごとに整理されているのがわかりやすいだろう。

商品の品揃えを整理すればお店の業績は上がるが、それには、メーカー側の発想から脱却して、ユーザーの心理を理解した編集能力が店側に求められる。この商品は最近どんなポイントで選ばれているのか、自分の店のお客さんは何を望んでいるのかといったことに敏感になって、きちんとコントロールする必要がある。やみくもにやっていても、本当にメリットのある品揃えをつくり出すことはできない。

カジュアルセーター
Casual Sweater
TOMMY HILFIGER
POLO
わぁ〜いろんなブランドがいっぺんに見られるのね！
××× の新作もある！いろいろあってうれしい！
靴なら ...
25.0 〜 26.0cm
23.5 〜 24.5cm
22.0 〜 23.0cm
化粧品なら ...
美白化粧品
保湿化粧品
アンチエイジング

法則8　情報提示のタイミングを考える

入口よりも出口でアピール

あなたはお店に入ったとき、まず最初にどこに行くだろうか。おそらく、今日買う予定のものがあるところにまっすぐに行くだろう。そして、そこで用を終えたら、ほかの売場の商品を見たり、そのお店のセール情報を見たりするだろう。人は明確な目的がある限りそれに向かって進み、目的を達成すると、初めて視野が開け、自由な行動に移るのである。

スーパーや百貨店、ショッピングモールの入口にはたくさんのクレジットカードのパンフレットやセール情報などの掲示がある。これは効果的なのだろうか。買うものが決まっているお客さんはまず見ない。存在さえ気づかない人が大半だ。

THANK YOU VERY MUCH!
INFORMATION
INFORMATION
7/10~
夏のクリアランス
SALE
INFORMATION
POPやパンフレットなどは
出ようとする人に向けよう
え～と…
アレ買わないと…
INFORMATION
7/10~
夏のクリアランス
SALE
INFORMATION
入口より出口に
POPを向けよう！
WELCOME

このPOP類をもっと見られるようにするにはどうしたらいいだろうか。それは、入ってくる人に向けているこれらPOP類を、出ようとする人に向けるのである。目的のものを購入し、他の情報を見る余裕があるときに、存在をアピールするのだ。

あなたの店（売場）に来るお客さんは目的客（買う予定で来店）が多いか、それとも、フリー客（特に買う予定なく来店）が多いかは知っておく必要がある。フリー客が多ければ、POP類を入口に向けるという方法もある。

法則8　情報提示のタイミングを考える

お客さんが読みたいところにPOPを置く

あなたの店のＰＯＰは読まれているだろうか？　読まれていないのであれば、それは、お客さんが「読みたい」位置に置いていないからだ。「置けるスペースがある」という理由だけでそこにＰＯＰを置いていないだろうか？

例えば、あるクルマのディーラーに、クルマのダッシュボードの使いやすさを語った大きなボード状のＰＯＰがあった。それはその大きさゆえに、ドアの外に立てて置かれていた。しかし、そのＰＯＰは全然読まれていないようだった。ダッシュボードに関しての情報はいつ欲しい情報だろうか？　クルマの外観を見るためにクルマの外に立っているときだろうか。いや、クルマの前席に座り、まさにダッシュボードをチェックしているときだ。そのＰＯＰをつくり直すなり、縮小コピーするなりして対処すべきである。

あなたが家具屋でベッドを買うとき、必ずすることは何か。ベッドに寝て寝心地を確かめることだろう。となると、そのベッドのよさを一番実感していると き、あなたは天井を見ていることになる。もちろん字の大きさを考慮しなければならないが、天井に「その寝心地のよさのゆえん」を語ったPOPがあると効果的ではないだろうか。

NEW!
新鮮なインテリア
ダッシュボード
Safety
SRS
AIR BAG
SAMPLE
試乗会
NEW!
¥1,200,000
POPは実際に必要な
場所に設置しよう！
大きなものは縮小コピーして車内に設置
NEW!
新鮮なインテリア
ダッシュボード
Safety
SRS
AIR BAG

法則8　情報提示のタイミングを考える

ＰＯＰをつくる人は置く人の、置く人はつくる人の気持ちに

「メーカーがＰＯＰをつくり、店の人がＰＯＰを置く」（ＰＯＰをつくる人と置く人が異なる）というパターンの場合、前ページのようなことはよく起こり得る。

それどころか、売場を知らないＰＯＰのつくり手は平気で裏面が真っ白で何も書いていない立体のＰＯＰをつくったりする。こういうＰＯＰが多い店はまるでバックヤードのようで雑然としている印象を持たれる。提示するタイミング以前の問題だ。

とはいえ、裏面にちゃんと印刷したボードのようなＰＯＰが、そのメーカーの商品の位置に設置され、しっかり広告していても、裏面がちょうど他カテゴリー

名物
北海道まんじゅうの店
このお店か。
サイズ等の
リサーチを
しよう！
POPを書く人には必ず現場を視察してもらう
視察しないと…
お土産に
いかがですか？
表
裏
商品で文字が隠れてしまった
裏側もスタンドで隠れてしまった
こんな感じで
置いてください！
当店人気
北海道
まんじゅう
NO1

の商品の位置になってしまい、お客にとって意味不明な状態になってしまっているのを見かけたこともある。細かいところだが店の人はこういうところまで気にしてほしい。

このような問題を回避するにはPOPをつくるデザイナーは、まず店へ行き、どこでお客がとどまっているかを観察し、そしてそこに置くことのできるPOPをつくること。POPを置く店の人は、POPの内容を理解したうえで「いつ読みたいPOPか」を考え、設置することである。また、POPをつくった人がそのPOPをつくった意図を、置く人にはっきりと伝えると、設置するのに参考になるだろう。

法則8　情報提示のタイミングを考える

ビジョンはロイヤルティ形成に使う

お客さんの目を引くためにビジョン（最近は40型程度の薄型が多い）が店頭に置かれる。確かにある程度は目を引くとは思うが、設置した人は思ったより目を引いていないことに驚くのではないだろうか。というのも、今の世の中で店頭のビジョンは全然珍しくないからである。どこにでもあるものに注目するほど今の買い物客は暇ではない（あるファッションブランドの店頭で、ビジョンを縦に三つつなげてファッションショーの映像を流しているのを見たことがある。まるでモデルがこちらに歩いてきているようで、これは目を引いた）。

ビジョンを生かすにはどうしたらいいだろうか。ビジョンは集客のために使うのではなく、ロイヤルティ形成に使うべきだ。ファッションブランドや化粧品であれば、商品がどれだけこだわりを持って品質高くつくられているかを語っている映像を、購入した商品の包装を待つ間に、見せるべきなのである。「私の買った商品はなんていい商品なんだ」と思ってもらい、ロイヤルティを高め、リピーターになってもらうのだ。

店内のエンドにあるビジョン（店頭ビデオ）の効果も気になるところだ。ある家電店で調査したとき、エンドのビデオを見るのは一日二七人、一人だけ二分近く見て、三人が二〇秒前後、あとの二三人は一〇秒以下であった。これを多いと見るか少ないと見るかはそのビデオの内容とコストとの見合いであろうが、あなたはどうお考えだろうか。

見て！
ファッションショー！
試着したのと同じよ！
わぁ～！
ほんとだ！
ステキ～！

ロイヤルティの形成
あっ！
これ今買った
のだわ！
買ってよかった！
支持率
MAKE UP

法則9　価格の意味を考える

人は高いものを買いたいのではなく、いいものを買いたい

価格を単に表示するのではなく、価格の意味を伝えることが大切だ。二つの違う商品が並び合うときは、価格の違いではなく、価格の違いの意味を解説してあげよう。お客さんはよりよいものを求めている。たとえそれが高額であっても納得がいけばよいのだ。誰だって割高なものは買いたくないが、価格が高いことの価値を理解できれば、その価値にお金を払うことに抵抗はない（あるいは喜んで払うだろう）。

各売場で〝ロールスロイス戦略〟をとるのはどうだろう。同じカテゴリーで一番高価な商品を、その価格の違いの理由とともに紹介すれば、お客さんはそれが欲しくなって、高いものから順に検討を始める。一番いいものを先に知ってしま

電子レンジ売上ランキング

1位	A製	ビックリグリルレンジ	省エネ・待機電力ゼロ！
2位	S製	ルンルングリルレンジ	トースト４枚焼けます！
3位	P製	マイオーブンレンジ	省サイズでも庫内 20L
4位	Z製	ユーグリルレンジ	解凍上手。カンタン操作
5位	⋮	⋮	⋮
⋮	⋮		

売れている理由を必ず書くこと。

うと、それから下に下げたくなくなる。せっかくいいと思った機能がなくなるのはいやだ。できることなら、手が届く範囲でいいものを買いたい。〝ロールスロイス戦略〟は購入価格を上げる効果がある。

家電量販店などで、売上ランキングを見かけることがある（例えば、電子レンジで一番売れているのはこれ、二位はこれと、商品にランクの札がついていたりする）。あれは価格の意味を伝えるうえでいいアプローチだと思う。ただし、高いものでもなぜ売れているのか、高いなりのメリットがわかるように、わかりやすいメッセージを添えることも忘れてはならない。ランキングとその理由を一緒に見せることが重要なのだ。

法則9 価格の意味を考える

商品のバンドルパッケージ化

商品のバンドル化、アソートパッケージ化はこれからの重要な課題となる。バンドル化によって、どうやって通常付いている値段を取り払うことができるか。

私が秋葉原の家電店で見たバンドルパッケージで一番気に入っているものの一つは、これから一人暮らしを始めようという人たちに対して必要な家電のパッケージを推奨しているものである。日本には以前からあるので大したことないと思われるだろうが、このようなよいバンドルパッケージの例は少ない。例えば、我々は店舗などに携わると、通常の場合、一つの商品を売ろう、一つのサービスを提供しようという気持ちになってしまい、お客に対して、店舗はなんらかのソリューションを提供する役割があるのだということを忘れがちである。商品という「モノ」を売っているのではなく、その商品を使うライフスタイルという「コト」を売っているという意識を持たねばならない。

いろいろなオプションを選べるバンドルパッケージの場合に、私が有効だと思っているのは、一番核となる商品、例えば携帯電話とすると、携帯端末自体は安くしておいて、アクセサリーに関してはそのままの値引きしない値段で提示するやり方だ。お客の意識は当然核となる商品に行くので、それが値引きされていると気が楽になる。

始めよう新生活
あなたの『一人暮らし』応援します。
一挙におまかせください！
DVD
TV
冷蔵庫
掃除機
洗濯機
まとめて全部
買っちゃうか！

法則10　あらゆる空間を活用する

トイレは効果的なプロモーションスペース

店内のあらゆる空間は、コミュニケーション可能な資産ととらえて、活用する姿勢が大切。例えば、トイレやフィッティングルームは、プロモーションなどのときに見落としがちであるが、実際には買い物客がよく利用するスペースである。

トイレに関しては、男女別々の特別なメッセージが伝えられる場所であるということをもっと積極的に活用すべきだ。例えば、クルマのディーラーに夫婦が来店したとしよう。奥さんがサイフのひもを握っているようだ。しかし、夫婦揃っているときに、ご主人に向かって奥さんの説得方法を伝授するわけにはいかない。そこでトイレの活用。トイレに「こういうふうにいえば奥さんを説得できま

トイレは理想的なプロモーションスペース

◎男性用トイレ◎

◎女性用トイレ◎

す」。ご主人だけにそっと耳打ちするのだ。

女性用のトイレはさらにいろいろと活用できる。ある百貨店では、女性用トイレに化粧品などのサンプルが置いてあって、自由に試せるスペースとなっている。実際の化粧直しのシーンで使ってもらって、気に入れば、同じフロアですぐに買って帰れるというプロモーションスペースとして機能させている。ところが、一般的には、女性用トイレを活用するうえで、店舗の幹部に男性が多いことが障害となっている。女性用トイレを見たことがない幹部が多いのだ。見たことがないから活用しようという発想も生まれない。自分の店のトイレをそういう目でチェックしよう。情報発信のチャンスはまだまだある。

法則10 あらゆる空間を活用する

パッケージもメディア

パッケージ（ここでは、食品、トイレタリーなどもともとパッケージに入って売られているものではなく、家電・家具・靴などの外箱を指す）も、コミュニケーション上の重要なメディアである。最近は、スペースの問題もあって、店頭に箱に入ったままの商品を積んでおくことが当たり前になっている。外箱がかなり見えるのだが、大抵がただの段ボール箱に商品名や型番が印刷してあるという程度である。

例えば、靴のパッケージ。靴の箱なんだから、「私を外に連れてって！」「この靴は家を探しています」みたいなユーモアのあるメッセージを入れてもいい。現在のパッケージは店員が区別できればいいといった程度のものであるが、店頭で見られる機会が増えているのであれば、視点を買い物客に向けるべきである。商品コンセプト、伝えたいメッセージ、ユーモアやビジュアルなど、外箱に能弁に語らせる。そこまでやれば、外箱は店頭プロモーションツールとしての力を発揮する。

さらに、置かれ方、並べられ方にもいろいろあることを想定して先手を打っておく。縦にして置かれるかもしれないのだから、それでもメッセージが伝わるように考えておかないと、チャンスロスが起きる。側面にはブランドメッセージ、天面にはセールストークを、というように、三面をフルにプロモーションツールとして活用すべきだ。

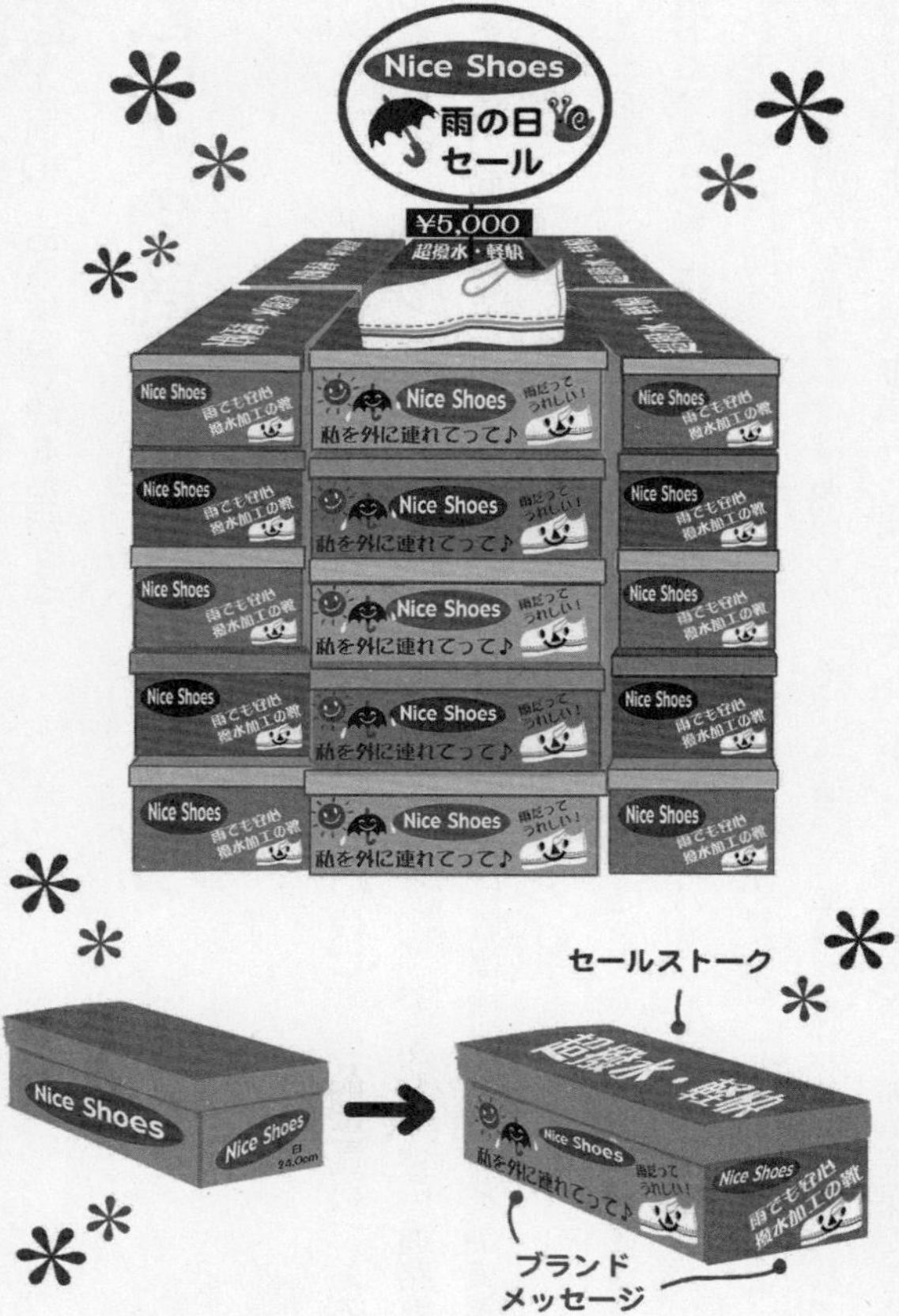
Nice Shoes
雨の日セール
¥5,000
雨だってうれしい！
私を外に連れてって♪
雨でも安心
撥水加工の靴
セールストーク
ブランドメッセージ

法則10　あらゆる空間を活用する

低い段の商品も目立たせよう

　スーパーやドラッグストアの店舗では床すれすれの段にも商品は置いてある（その段に置かないと全商品を置くことができないからだ）。しかし、狭い通路だとその段の商品は目にも入らず、わざわざかがまなければ検討することができず、結果として、その商品は全然売れなくなってしまうのである。

　これを解決する一つの方法は下の段を出っ張らせることだ。そしてプライスカードやＰＯＰを上に向けて掲示するのだ。箱型の商品パッケージであればパッケージ正面を上に向けてもいいかもしれない。上から見られることを意識しよう。または、下の段を使うことはあきらめ、そこに置いてあった商品をカゴに入れて棚の前に出す、という方法もあるだろう（しかし、最低限の通路幅が確保できる

あ！コレコレ！
探してた色だわ！
COTTON
COTTON
COTTON
PUFF
PU PUFF
PUFF
PUFF
化粧パフ
¥300
マニキュア
1本 200yen

こりゃー
見やすい！

通路でないとダメだ)。

そして、突拍子もないと思われるかもしれないが、もう一つ解決法がある。オフィスで使っているようなキャスター付きのイスを売場に用意しておくのである。これで下の段の商品を容易に検討できる。加えて、イスに座ってじっくり検討できるので顧客満足度は上がるだろう。エルダー層には特に好評のはずだ。検討をじっくりしたいような商品には最適だ。ドラッグストアでは化粧品、スーパーではワイン売場などが有効だろう。

法則11 滞在時間を活用する

「溜まり場」をつくる

立ち止まって商品を手に取り、説明を読んだり感触を試したりできるように、キャッチメント・ベイスン（溜まり場）をつくったほうがいい。通路に意図的にイスを置くなどして出っ張りを設け、「溜まり場」をつくる。出っ張りによってできた空間は人を安心させ、居心地がいい。

ある家電量販店では、大きな柱が一見陳列の邪魔をするように立っていたが、その横にある携帯電話売場がその柱によって守られるようになっており、買い物客がゆっくり安心して検討できる場所になっていた。

また、百貨店のある化粧品売場では、お客さんが他の化粧品売場に簡単に流れないように、わざとイスを一個ポンと置いたところ、イスの側面が壁の役割になって買い物客が安心して立ち止まれるという効果をあげていた（イスに座らなくてもいいのだ。イスがあることによって、そこに立ちやすい場所が生まれることが重要）。

エンド横に圧縮陳列を設けるのもいい方法だ。溜まり場が生まれて人の流れに変化を付けられる。

SALE
HANDY PHONE
HANDY PHONE
HANDY PHONE

MakeUp

法則11　滞在時間を活用する

待ち時間はセールスタイム

買い物客は何かしら待たねばならないとき、そこにある情報はなんでも読もうとする（現代人は暇をもてあますことはできないのだ）。

待ち時間はいろいろある。契約の手続きや商品の梱包、修理を待っている時間など。店員が席を外している間は、お客さんは手持ち無沙汰になってしまう。例えば五分待たせるのであれば、その間に関連商品のカタログを見てもらえばセールスにつながるかもしれないし、商品のよさを訴える映像を流せば、自分が買った商品に確信を持ってもらえるだろう。

ここに、クルマの商談が決まった後のテーブルのお客を撮影したビデオがある。セールスマンが手続きのために裏に行ってから二〇分間、お客さんはずっと

CAR AUTO
THANKS! -ON AIR-
EASY! ¥30000
¥20000
PAMPHLET
CAR
CAR
CAR
new
ふぅ～ん。
やっぱりこの機会に
純正を買っておこう

暇そうに待っているのが写っている。確かにクルマが売れたからいいのかもしれないが、そこに付属品とかオプションパーツなどの情報があればきっと見てくれただろう。ただダラダラ待つ二〇分間は、店にとってもお客さんにとっても無駄な時間である。セールス後の待ち時間だってセールスタイムなのだ。

法則11　滞在時間を活用する

体感時間をコントロールする

滞在時間が長ければ当然売上は伸びる。では、どうやって無理なく滞在時間を延ばせるだろうか。子供時代、遊びに夢中になってあっという間に夜だったということがあったと思う。楽しく、集中していれば、時間はあっという間に過ぎていくものだ。

したがって、売上を伸ばすためには、店舗でのショッピングの体感時間を実際の時間より短く感じさせるように工夫すればいいのだ。小イベントを見ることや飲食すること、座ること自体が全体の体感時間を短くしてくれるだろう。

銀行のような取次業務の店舗では、滞在時間が長くても売上は伸びないが、お客の不満度は高まっていく。人は暇であると時間を長く感じる。待合スペースに雑誌を置いたり、テレビを設置したりするのは常套手段だ。また、待っている人が座っているところから取次業務は見えないほうがいい。見えてしまうと、「まだか、まだか」という気持ちを煽るだけである。待合の長イスはカウンターと垂直の向きに向けよう。銀行のような店舗では、何分以上待つと不満を持つくらい「待った」と感じられるか調べてほしい。待ち時間を極限まで短くするのは理想だが、「待った」と感じないギリギリの待ち時間を目指して店舗のオペレーションを構築すればいいのだ。

子供絵画展
まぁ！なんて
ステキなの？

楽しくて時間の経つのを
忘れとった。そろそろ帰ろう
身体にいいことはじめませんか？
●成人病に効く！
新聞掲載の健康情報

親近感を生み出す空間を

法則12 居心地のいい空間をつくる

クルマや不動産などの高い買い物には販売員が必ず付く。そしてその販売員に必要なことはお客さんと親密・懇意になることだ。そのためには販売員自身の営業スタイルが一番関与するのであるが、空間もそれを助けることができる。

親近感を生み出すには、そのスペースの天井を低くし、簡単な壁で囲うことだ。心地よく囲まれた感じが、「ここは自分たちのスペース」とお客自身に思わせる効果があるのだ。商談スペースにはぜひ取り入れたい（あるレストランではこの方法でお客同士の親密さが増し、その結果滞在時間が長くなり、売上が上がった）。

ただ、天井を低くするのは簡単なことではない。新しく店をオープンするか、

天井を下げると親近感がわく

自分たちのスペースをつくろう！
●ペンダントライト
●しきり　等

改装のタイミングでもない限り、難しいであろう。それを解決する一つの方法はペンダントライト。実際の天井高は低くなっていないが、実感としては低くなる。適当な位置に照明がないのならパラソルを吊る。パラソルをカラフルにすることで簡易に（安価に）楽しい気分をつくることもできる。

前述した「溜まり場」同様、人間工学的な視点から売場をとらえていくことは重要である。

法則13 商品をたくさん持てるように

カゴを勧める

どれだけたくさんの買い物ができるかは、人間の生理機能の制約を受ける。つまり、両手がふさがってしまえば、それ以上買いたくても買えない。商品を見て、ほしいと思ってもあきらめてしまう。

「どれだけモノを持てるか」が「どれだけモノを買うか」を左右する。ならば、買い物カゴをもっと利用してもらおう。あらゆる調査を通じて、買い物カゴを使う人は、使わない人に比べて購入点数が上がることが実証されている。買い物カゴは重要なツールである。

食品スーパーのように、最初に買い物カゴを持つのが習慣のような店舗の場合は、さほど問題にならないだろうが、例えば、ドラッグストアの場合、最初はシャンプーだけを買うつもりで来た人は買い物カゴを手にしない。しかし、実際に買い物を始めてみると、ああこれも買っておこうと、あっという間に両手がいっぱいになってしまう。

店内で商品を二品以上持っている買い物客を見つけたら、買い物カゴを勧めるべきだ。カゴを勧められた人も悪い気はしない。買い物を続けてもらえるうえに、お店が親切で礼儀正しいということのアピールもできる。こんなにいい話はないではないか。

さらにいえば、買い物の最初にカゴを勧めるのが理想である。その瞬間からどんどん商品を取れる状態になる。買い物に向かう気持ちにだって変化があるはずだ。

あ！これ買っておきたいわ！
でも荷物いっぱいだしなぁ。
じゃぁ、いっか……
よろしかったら、カゴを
お使いになりませんか？
ちょうど欲しいと思って
いたの。ありがとう！

法則13　商品をたくさん持てるように

あらゆるところにカゴを

買い物カゴの重要性は前項で述べた。だから、買い物カゴを置く場所をケチってはいけない。入口にしか置いていないのはなぜだ？　お店に入る段階で、すべての買い物客は、その日の自分の買い物をすべて把握して買い物カゴの必要・不必要を判断していると思っているのだろうか。はたまた、買い物の途中で買い物カゴが必要になった人は全員入口まで戻って取ってきてくれると考えているのだろうか。そんなことはあり得ない。困っている人に買い物カゴを勧めることも大事だが、それ以前に、入口だけではなく、店内のいろいろな場所に買い物カゴを置くことが基本である。やりすぎだと思うくらい置いても、置きすぎるということはない。

あぁ〜…
カゴ、ないかなぁ〜
入口にしかないのかな
不便だわ〜

SALE SALE SALE SALE SALE SALE
カゴは、
いろいろな所に
分散させておく
いらっしゃいませ
WELCOME
あった！
カゴカゴ！

買い物カゴを探さなくていい、買い物カゴのために移動しなくていいという店舗にしよう。買い物カゴを置くことは邪魔だと思っていたら間違いだ。むしろ、買い物カゴが見当たらないことが買い物の邪魔をしているのである。カゴがそばにあれば、衝動買いもしてくれるかもしれない。その機会をみすみす逃す手はないだろう。

これまでにも機会あるごとに買い物カゴの重要性を強調してきたが、これは揺るがない。あらゆるところにカゴを（さらにいえば、カゴの大きさが大きければ大きいほど、たくさん買ってもらえる傾向がある）。

法則13　商品をたくさん持てるように

手に取りたくなるカゴ

買い物カゴを利用してもらううえで、「手に取りたくなる」「使う気になる」ということも実は重要だ。いくら機能的なものだといっても、センスがなくていいということにはならない。デザインは利用意向に大きな影響がある。積極的に使ってもらおうと考えるなら、手に取りたい、使いたいと思わせるデザインにすべきである。

また、お店によっては、うちの業種には買い物カゴは向いていない、買い物カゴがあると安っぽくなると考えている人もいるだろう。お客さんもうちの店では買い物カゴを持ちたがらないだろうと。しかし、買い物カゴといっても、あのプラスチックのバスケットでなければならないわけではない。もっとエレガントなカゴが考えられるかもしれないし、カゴでなくバッグが向いているかもしれないし、紙の袋が適しているかもしれない。

例えば、最近では、スーパーや百貨店などで、オリジナルの折りたためるナイロンバッグが販売されているが、あれを買い物カゴ代わりに貸し出して、最終的に、そのバッグが気に入ったら、「このバッグもください」と、そのままバッグごと持ち帰ってもらえるようにもできる（これでバッグ代の五百円も稼げてしまった）。本屋さんでも透明のビニールバッグを置いてあるのを見かける。つまり、買い物カゴといっても、あのカゴにこだわることなく、業種（商品）や店の雰囲気に合わせた形態やデザインを考えればいい。

RED TEA
RED TEA
RED TEA
RED TEA
RED TEA
RED TEA
RED TEA
まぁ、かわいい
お買い物バッグ！
candle
PLEASE!
SHOPPING
BAG
お客様、よろしければ
こちらの店内バッグを
ご利用くださいませ
SHOPPING
BAG

法則14　買い物を手伝う姿勢

face to face ではなく hip to hip

接客、商談の際に、お客さんとどう向き合うかによって心理的な距離が大きく変わってくる。カウンター越しの対面販売（face to face）は、押しつけの印象が強くなる。店員とお客、売る側と買う側という対立関係が生まれ、客側に警戒の心理を生む。押し切られてはいけない、だまされてはいけない。これでは、いくらあなたがお客さんの立場で商品を勧めていてもちゃんと伝わっていかない。

face to face ではなく hip to hip で行こう。お客さんの横に並んで話す（hip to hip）ことで〝買い物を手伝う〟姿勢が伝わる。隣に並ぶということは、買い物をする側に立っていることを示している。自分の味方であると感じてもらえる。

つまり、カウンター越しの接客よりも、丸いテーブルなどに隣り合って座るほう

Hip to Hip
へぇ〜っ！なるほど〜！
すごく興味があったので、
聞いてみたかったんです！
NEW

が商談が成立しやすい。立って接客するときも立ち位置に気をつけて、横に並ぶようにする。

このhip to hipの実践を徹底することを考えてほしい。横長のカウンターの場合は横に並びたくても無理だと最初からあきらめてはいないだろうか。完全に横に並ぶことは無理だとしても、カウンターにパソコンがあれば、一緒に画面を見る形で斜めに座ることによって、お客さんの意見を聞きながら、一緒に考えたり、情報を検索したりできる。face to faceでは得られない親密さが生まれるだろう。

法則14　買い物を手伝う姿勢
客エリア、店員エリアに区切らない

face to face か hip to hip かは、そもそもの店のつくりに関わる問題でもある。hip to hip が常識だといっても、お客エリアと店員エリアに区切られた店舗形態は結構多い。銀行でも携帯電話ショップでも、カウンター越しのやりとりが普通である。長いカウンターの両側に店員とお客が何組も向かい合って並んでいる。カウンターがつながっているから、お客のほうにちょっと回っていくということも気軽にはできない。なぜ全部つなげないといけないのか。いくつかに切ってあれば、お客の横に行って、例えば売ることの難しい高価な金融商品を hip to hip で売ることができるではないか。

ある店舗を視察したとき、やはり、長いカウンターがあったので、「カウンターの内側から出るまでに何秒かかるか」計ってみてもらったところ、なんと三〇秒近くかかった。入口から入ってくるお客さんを迎え入れようとすると、ぐるっと回ってくるのに三〇秒。これでは接客に支障をきたすだろう。まるで店員のための「要塞」のようだった。

接客の行動を考えて店舗や什器をデザインすべきである。チェーン店のように本部が基本設計をつくっている場合は、セールスに携わっている人たちが実際の店内でどのように動くのか、観察や意見の吸い上げなどを通して、十分な理解が不可欠である。また、店舗設計に関わる建築家、デザイナーの人も、接客や商品・サービスを提供する側の発想が必要だ。

【お客様のところまで30秒かかる】

簡単に出られない…
少々お待ちくださいませ
COUNTER
販売員さん ちょっと来て！

【お客様のところまで5秒】

はい！ ただいま！
COUNTER
ちょっと来て！

あちらへご案内いたしますね！
ハイ！
あの棚の商品を…

法則15　エルダーフレンドリーに

文字・色・場所の配慮

日本は高齢者が激増しているエルダー大国である。メーカー、お店ともエルダーに快適に買い物をしてもらうための配慮が欠かせない。

まず、文字のことから。ＰＯＰや価格表示はバリアフリーな読みやすい文字サイズ・デザインは必須。商品のパッケージにも配慮が欲しい。例えば、インクジェットのカートリッジの文字は非常に小さい。エルダーの方々が、かがみ込んだ形で、ネズミ用とも思える小さな文字の一つ一つを識別して読んでいくことは、どれくらい快適なものだろうか。

視力だけでなく、色を見分ける力も下がってくる。黄色系統の色の識別力が落ちてくるので、黄色っぽい色に白い字のものはエルダーには特に見にくい。とこ

お店が明るいのぅ。
わしらにとっちゃ、見やすくて
手に取りやすいのが一番じゃ！
新商品
男女兼用　着脱簡単Tシャツ
ホックで着脱・速乾！
税込み　￥2000

ろが、全世界的にデザイナーは三〇歳前後が多い。彼らが見える色とエルダー世代が見える色は違うことを肝に銘じてほしい。それから、光を感じる力が年齢とともにどんどん落ちる。ということは、年齢の高い人の売場ほど明るくしてあげるといい。今は逆で、若い人のファッション売場は白くてキレイ。紳士服売場は百貨店なんかに行っても薄暗く、明るいところに持っていって生地を見ないとわからない。

また、高齢者の身体的特徴を考慮した陳列やスペースにも配慮したい。高齢者はかがみ込むことが大変である。かがまなくても手に取れる場所に商品を陳列する必要がある。

法則16女性客と男性客で対応を変える

男性はテクノロジーを買い、女性はリザルトを買う

一般的に、男性は機能とかスペックが大好きで、例えば、デジカメの画素数でも四〇〇〇万画素より五〇〇〇万画素と、高スペックを好む傾向がある。一方、女性は最終的に何が得られるかを意識している。それで結局「うまく、きれいに撮れるのか？」と。冷蔵庫でもクルマでも同様である。男性の店員は、「クラス最高の八〇〇〇万画素です」とスペックだけを説明しがちであるが、女性はその先の「八〇〇〇万画素で何がいいのか。五〇〇〇万画素と何が違うのか」を求めている。ドリルを例にすると、男性はドリルに〝切れ味〟を、女性はそれによって開く〝穴〟を求めているのだ。したがって、店員の説明やPOP、メッセージにも女性客を意識した配慮が求められる。スペックだけでなく、用途や効果をわかりや

すく説明したい（例えば、冷蔵庫の容量は「何キロリッター」ではなく「何がどのくらい入るか」がわかるように）。

女性への配慮（そして、前述のエルダーへの配慮）を考えるのであれば、来店客の年齢・性別構成と同じ店員の構成が理想的である。女性は女性の、エルダーはエルダーの店員を求めている。そして、女性の場合、どちらかというと、若い女性よりも五〇歳くらいの〝母親のような〟売り手のほうが、買い物客が安心して接客を受ける傾向がある。

800万画素は500万より
どれくらいキレイなの？？
へぇ～
800万画素かぁ～
?
DIGITAL CAMERA
500万画素
800万画素
それはそれは…
500万画素に比べて
800万画素は…
こ～んなにキレイに
撮れるんですよ！

法則16　女性客と男性客で対応を変える

女性のことは女性にしかわからない、ということがある

日本で、いろいろな会社に行ってプレゼンテーションやセミナーをやると、参加者の九割以上が男性社員である。店舗の幹部もほとんど男性。しかし、逆に買い物客の多くは女性である。お客に対する配慮があるかないかというのは、女性に対する配慮があるかないかと同義語に近いにもかかわらず、男性主導の発想のためか、まだまだ十分とは思えない。特に平日の昼は圧倒的に女性客である。女性への対応を徹底するのであれば、もっと女性（幹部、社員）が活躍してもいいのではないか。

家電売場などでも、女性に対しては女性のほうが説得力があるときがある。最終的には女性のことは女性にしかわからない。マーケティング的に女性の特性を

い〜っぱいフリージングしたいんです！
それならこの冷蔵庫！
Pamphlet
DENKI
やっぱり冷凍保存が肝心ですよね！私も買い替える時はこちらにしようと思っているんですよっ♪
簡単にインターネットにつなげられますし、デジカメの画像も簡単に取り込めます！本当に軽くて持ち運びもらくらくです！
今でしたらサービスでメモリも増設できます
男性向け・女性向けに応じた接客を！
NEW!
DENKI

いくら理解していても、実際にお客さんと話すときには男性はやはり男性でしかない。男性が知識として「これがいいですよ」というのと、同じようなことでも、女性が実感としていうのでは説得力が違う。

商品にもお客さんと同様「性別」があるから、それに応じた接客をしよう。ハンドバッグを男性が売ることは少ないのに、なぜ、家電では冷蔵庫を男性が当然のように売っているのか。クルマも運転者の半数は女性なのに、主力販売モデルは男性向けだったりする。また、パソコンや携帯電話など男性主体と思われていた商品に女性客も増えていたり、女性が決定権を握っていたりすることも多いので、商品の性別判定には注意が必要だ。

法則17 子供客も大事に

子供の目線で見てみよう

子供服やおもちゃなどの子供向けの商品の売場では子供からどう見えるかを考慮しなくてはならない。店全体をカラフルにしたり、全体的に棚を低くするなどの工夫はよく見られるが、あなたは売場にあぐらを組んで座ったことがあるだろうか。座ったときの目線、それが子供の目線であり、子供が見ている売場なのだ。そこには私たち大人が見ている売場と全く異なる売場がある。

座ってみるといろんなものが見える。汚れている棚の裏や什器の下のゴミ、目立たないようにしたつもりのストック商品など見なくてもいいものが見え、その売場で一番見てもらいたい一押しの商品が見えない。

売場を大人目線でつくり、大人目線でチェックする限り、そうなってしまう。

座るのもいいが、子供が乗るおもちゃのカートやスケートボードに乗って店内をぐるりと回るのもおすすめする。ちょこちょこ走り回る子供のリアルな目線にもっと近づくことができるだろう。

STOCK
STOCK
NEW
お。
ばっちーね！

法則17　子供客も大事に

子供のゴールデンゾーンは天井

子供の目線になってみると、子供に対しての装飾物、ＰＯＰのゴールデンゾーンが見えてくる。

まずは床。床がこんなにも近く、視界の多くに入ってくることに大人は驚くだろう。床にシールなどを貼って売場を演出するのは有効だ。しゃれたレストランやホテルなどで床にショーケースが埋め込まれているのを見たことがあるが、あれはぜひ子供向けの什器として活用したいところだ。

また、もう一つのゴールデンゾーンは天井。子供は親と話したりするとき当然上を向く。大人になると普段上を向く行為をしないが、子供は頻繁に上を向く。子供の位置から上を向くと見えるのは、少しの商品とある程度の棚板の裏、そし

FOR KIDS!

て多くの天井だ。楽しい雰囲気を演出するのに天井は有効活用できる。

「子供向け商品の購入決定者は親であるので、子供の目線は気にしてもしようがない」という意見があるかもしれない。確かに購入決定者は親である。しかし、購入候補を出すのは子供であることを忘れてはならない。

法則17

キッズコーナーは親が安心できる場所に

子供客も大事に

クルマのディーラーや携帯電話ショップなど、買い物にある程度の時間を要する店にはキッズコーナーが設置されてある。

設置において気をつけたいのは、まず位置だ。キッズコーナーは当然その店のメインではないので、商品やカウンター、イス、テーブルを配置したあと余ったスペースに置かれるのが普通だ。その結果、出入口に近いところや親が座っている場所から遠いところに設置されていることがある。

親が子供に対して一番気にかけていることは何か。それはけがや迷子などのリスクだ。出入口にキッズコーナーがあったらどうだろう。親が目を離しているうちに、外に出て行ってしまったり、入口の自動ドアに挟まってしまう可能性がないだろうか。親は無意識のうちにそのリスクを感じて、買い物に集中できなくなってしまう。これではキッズコーナーを置いた意味がないではないか。

もう一つ気にかけたいのは、置いてあるものだ。子供の好きなものならもちろんなんでもいいのだが、その店のキャラクターがあれば、ぜひそのキャラクターのぬいぐるみなどを置きたい。子供時代の「なじみ」は大人になっても結構続くもの。ブランドロイヤルティは子供時代にできるといってもよい。未来の顧客をつくるのも今の店の使命だ。

SERVICE COUNTER
KIDS CORNER
CAR
お店のキャラクターで
子供に遊んでもらおう。
将来はきっとファンに
なってくれるはずだ！
おりこうに遊んでいるわ！
キッズコーナーがあって安心！

法則17　子供客も大事に

親が一緒であることを考える

子供自身への配慮も当然のことだが、子供と一緒に来店する親の購買行動にも配慮しなければならない。

例えば、就学前くらいの子供の試着室を考えてみよう。子供が試着するのだから、大人用のものより小さい試着室でよいと考えるだろう。しかし、就学前の子供が一人で「よい子」に試着してくれるだろうか。まず、無理である。必ず、親のアシストが必要だろう。となると、試着室は小さくするどころか、親も一緒に入るため大人用よりも大きくするのが自然となる。別項でも触れるが、試着室の快適性は売上とリンクするのでバカにできない。

同様に、靴の試し履きのためのイスを考えてみよう。子供用の靴売場には小さ

KIDS
FITTING ROOM

FOR
KIDS
FOR
ADULT

くてかわいらしいイスがある。「よい子」の子供であれば問題ないが、履くのを嫌がる子供にはどうだろう。イスに座らせたところで、すぐ逃げてしまうのがオチだ。こういう場合、家庭ではどうしているだろうか。親のひざに座らせて履かせていないだろうか。ひざに座らせることで子供を抱え込み、スムーズに靴を履かせているのだ（お子さんをお持ちの方なら経験があるだろう）。ということを考えると、大人が座れるイスも用意したほうがよいことがわかるだろう。

法則18　店員が仕事を楽しむ

店員の楽しさがお客さんに伝わる

店員が楽しみながら仕事をすることが大事である。その楽しさは店員のモチベーションを高め、お客さんも楽しませることになる。

店員が楽しむために必要なことの一つは、彼らにクリエイティブ力を発揮させることだ。イベントや店頭陳列などクリエイティブ力が発揮できる場面では、上司の指示に従わせるのではなく、彼らの裁量でやらせてみるべきだ。

車のディーラーであれば、「金曜日は展示車両のボンネットを開ける」なんていう突拍子もないアイデアが出るかもしれない。

でもこれは結果的に、メカに興味のある男性客に来てほしい、とアピールすることになったりするのである。

すべて店員の裁量で陳列させるのは上司にとっては不安もあるだろう。その場合、ある決まった曜日だけ、そしてある売場だけ店員に任せるという方法がいい。

上司の経験も大事だが、いまどきの若者の感覚や女性の感覚などが生かされた売場には思わぬ収穫があるはずである。

メカ好きの客と
会話がはずむ
金曜日は展示車両の
ボンネットを開けて
はいかがでしょう？
奇抜なアイデア
だが ....
よぉーしやってみろ！

法則19　触れさせる、試させる

「触れる」ことは、触覚型の「情報収集」

商品に触れる、手に取るということは、購入への第一ステップだ。触れたり、手に取ったりすることは文字やイラストという視覚情報ではわからない触覚型の情報収集だと考えれば、その行動を阻害しないよう工夫すべきであることはおわかりだろう。

しかしながら、「触れる」「手に取る」を阻害している売場はたくさんある。例えば、赤ちゃんの肌着を選ぶ基準は「それがどんな肌触りなのか」だといわれている。実際のところ、購入時に必ず肌触りをチェックする行動の比率は高い。にもかかわらず、肌着の多くは袋でパッケージされている。汚れるのを回避しているのであろうが、それならば、肌触り用のサンプルを展示すべきなのだ。

うちの子、肌が敏感だけど
これで大丈夫かしら？
ビニールに入ってるから、
わからないわ！

確かめられないし ...
NEW!
超軽量！
持ち運びが
とても便利！
ワイヤーが付いていて持ち上がらない

例えば、モバイルパソコンは軽さ、持ち運びやすさが選ぶ基準になっている。店頭観察すると、持ち上げようとする行動が非常に目立つ。しかし、セキュリティの観点からワイヤーが付いていていてその場で持ち上げられないのだ。ワイヤーが付いていてもいい。それをもう少し長くさえしてくれれば持ち上げられるのに。

また、商品に触らせることは、それをきっかけに興味を喚起することがある。これは目的客だけではなく、非目的客の購買を訴求する点で有効である。

法則19　触れさせる、試させる

「触れる」ことは「安心感」と「買う自信」を付ける

実際に商品に触れることは「安心感」と「買う自信」を付けているとも考えられる。

デジカメを買うとき、店内を撮影するわけでもないのになぜ覗いてみる格好をするのか。それは、もちろん、触れてみないとわからない体験型の情報（重さやシャッターの位置）があるからなのだが、そのときお客は情報を得ると同時に、使用してみることが「所有の疑似体験」となって、「自分はこれを買ってもいいんだ」という「安心感」と「自信」も得ていると考えられる。

クルマのディーラーでクルマの試乗を勧められるのは、試乗すると購入率が高まるからだ。

もしあなたがメーカーのマーケターならあなたの商品の「触れた人」分の「購入した人」の割合を調べてみよう。触れさせ、試させることがどれだけ重要かがわかるはずだ。もしあなたが店舗の担当者なら、商品カテゴリーごとにこの割合を調べることを勧めたい。優先的に触れさせるべき商品カテゴリーがわかり、売場づくりにきっと役立つ。

DIGITAL CAMERA
うわぁ〜っ！これなら
買ってもいいな〜！

＊＊＊＊＊＊＊＊＊＊＊＊＊＊＊＊＊＊＊＊＊＊＊＊＊＊

試乗中
ますます
乗りたくなった！
12-34

法則19　触れさせる、試させる

魅力的な試着室に改善

試着室にいるお客さんは購入直前のお客さんである。なのになぜもっと試着室をプロモーショナルな場にしないのだろうか。

試着室はカーテンがあって鏡があれば十分と思っている人が多い。店舗レイアウトを考えるときも最後に考える場所になっている。しかし、それは間違っている。試着室は一番プロモーショナルに考えていい場所である。

まず、明るさ。暗い場合はすぐに明るくしよう。明るい中で試着した人は買う可能性が高い。

そして、くつろぎ。くつろげて居心地のいい試着室でじっくり選んでもらうことで、購入率は上がる。

まぁ！このスカートのコーディネートだわ！
なんてステキなの～？それなら…
カーディガンも合わせて購入しようかしら！

そして、情報。なぜか試着室の壁には何も貼られていないことが多い（店頭にはビッチリ情報があるのに）。例えば、試着室内で上下のコーディネートが提案できれば、スカートを買った人はカーディガンを、ジャケットを買った人はスラックスを買うことにつながるだろう。何も買う気がない人を買う気にさせるよりも、何か買おうとしている人にもう一つ買う気にさせるほうが簡単なことはいうまでもない。

法則20　買い物同伴者を味方にする

子供におもちゃ、夫にはイス、奥さんにショッピングを

　買い物をするときの一番の敵をご存じだろうか。それは買い物の同伴者であり、主に、夫と子供である。奥さんが一生懸命商品を見ているのに、その夫や子供が買い物を早く切り上げるように迫ってくるのである。

　こんな風景も調査のときに目撃したことがある。化粧品売場で時間をかけて検討している奥さんに対して、夫が後ろから、冗談で「首を絞める」マネをするのである。思わず笑ってしまったが、あなたが男性であれば似たような経験があるはずである。

　また、こんなこともあった。子供服売場でお母さんが子供に何着も試着させているのだが、子供が買い物に飽きて逃げてしまい、結局お母さんは決定できず何も買えなかったのである。このような状況は店舗が積極的に解決してあげなければならない。

簡単で、かつ、とても有効な解決手段はイスを売場に設置することである。「イスはマーケティングツールである」と考え直したほうがよいだろう。

このように売場でアドバイスすると、必ず店の方は「うちにもあります」と自信ありげに、売場の隅にひっそりと置いてある二～三脚のイスを見せてくれる。ないよりはましだが、それでは、全然用をなさない。

まだ～？
HEY! HONEY～…
あぁ～ これもイイ！
かわいい～！
コラーッ！

法則20　買い物同伴者を味方にする

すばらしい待合スペースを

待合スペースのイスの数は、その売場がとても小さいのであれば二～三脚で足りるだろうが、通常の売場であればまず足りないだろう（二～三脚ということは家族一組ってことですよ！）。

そして、その雰囲気。夫や子供は買い物に飽きて、疲れているのでイスに座るのだが、そこに何もなければ、今度はそこで座っていることさえも飽きてしまうだろう。置いてあっても、自動販売機がせいぜいである。

今までに見た最もすばらしい待合スペースは、あるショッピングモールで見たのだが、そこはイスでなくソファが置いてあり、清潔かつキレイで、店内の明るいところに設置され、飲み物が無料でサービスされていた。そして、ここの最も

お、この最新機種、
気になっていたんだよね
TOY BOX

すばらしいことは、男性が好きそうなデジタル機器のデモ器を置き、ここでプロモーション活動をしているところだ。人は手持ち無沙汰のとき、どんな情報でも読んでしまうのである。単にお客にサービスするだけでなく、しっかり販売促進も狙っているところを、ぜひ参考にしてもらいたい。

イスを売場の隅でなく、売場に散らす方法も日本では有効だろう。奥さんがどっちの商品か迷ったとき夫の意見を求めることが多々ある。そのとき売場隅のイスまでは行けないが、売場内にイスがあればそれが可能となり、奥さんはさらに満足して買い物ができる。

関連購買の気を起こさせる

法則21　目的以外のものをいかに買ってもらうか

ある商品を購入したお客にそれに関連した商品も購入してもらう、という「関連購買」（クロス・セリングとも呼ばれる）は、「商売」というものができた大昔から常識である。にもかかわらず、現在の店頭は関連購買の徹底がなされていない。

携帯電話売場と携帯ストラップなどのアクセサリー類売場は離れている。スポーツ系のクルマの展示場所とオプションパーツ売場は離れている。そして、プリンターとインク売場も離れている。

もちろん、大量に商品のある売場を完全に近づけることは難しい。

大事なのは、関連購買の気を起こさせることだ。すべての携帯ストラップを携帯電話売場に置くのではない。各携帯電話に似合ったストラップをその携帯電話の横に二〜三品展示することで、ストラップも買おうという気分にさせ、ストラップ売場に足を向けさせればいいのである。

競争の激しい業界であると、本体よりもオプションのほうが利益率が高いことがある。そういう売場では関連購買を促す売場づくりはますます大事である。

MEMORY CARD 32MB
MEMORY CARD 16MB
NEW STYLE HANDY
ACCESSORI
そうだなぁ～！
新しい携帯も買ったことだし、
携帯ストラップとイヤホンも
選んでおこうかな
本体よりもオプションの方が
利益率が高いこともある。

法則21　目的以外のものをいかに買ってもらうか

レジ前の陳列棚を工夫

非目的購買を最も促進すべき場所はレジ前の陳列棚だ。待っている時間が一番のセールスタイムであることは別項で触れた。

あるスーパーでレジの状況を調査したことがある。それはレジの待ち時間を計るために調査したのであったが、私はその待ち方に注目がいった。そのレジ待ちの列はちょっとした雑誌程度の本しか置いていない本売場の棚に沿っていたのだが、全員が全員その棚の本を見ていた。人によっては手に取っていた。食料品を買うのが目的でその雑誌には全く興味もないのに。ここにもうちょっと興味のあるものを置いていれば、購買が起きたはずである。

ただ、日本の一般的なレジ前の陳列棚を生かすのには工夫がいる。一般的なレ

Cashier
Cashier
あの～
この花火も
1つください
花火の季節
花火はいかが？
HANABI
花火
RED TEA

ジ前の陳列棚はそこにある商品が小さいこともあり、列の前方の人しか見えない。しかし、列の前方の人は自分の順番がそろそろだとレジを見るのである。列の後方の人にレジ前の陳列棚を見てもらう工夫がいる。一つは、商品を季節性の高い商品にすることである。ガムや電池を置かずに花火や携帯用カイロを置く。そしてもう一つの方法は、ここにビジョン（テレビ）を置くのである。一定時間確実にとどまるこの場所こそ、ビジョンが一番機能する場所だ。

法則22 色の活用

店内の色を「統一」するのでなく、あえて「変える」

色は不思議なものだ。赤を見るだけで暑くなり、青は涼しくなるうえ、壁が青だとそのスペースは実際よりも広く見える効果もあったりする。さまざまな色を使えば華やかな感じになるし、モノトーンであればシックな印象を与える。

多くの小売関係者はその機能をわかってはいて、商品をキレイに色別に陳列したり、壁紙の色や棚の色など店内の色を「統一」したりすることは当然のように実施している。

しかし、壁紙の色や棚の色を「統一」せずに、意図的に「変えた」ことはあるだろうか。例えば白一色の壁の前に同じ種類の商品、例えば洋服を横に一〇着くらい並べてみよう。のっぺりかつ漫然としていて、視点が定まらず、魅力的に見えない。そこで真ん中の三着分の壁だけベージュにしてみよう。そうするといっきに視点が定まり、見てみようという気がする。壁の色を変えるだけで、新たな展示台を置かなくても、効果は表れる。

棚の色を変えるのは壁紙の色と同様の効果もあるが、もう一点、古くなった棚自体の汚れを目立たなくするという利点もいっておきたい。棚はどんなに掃除してもいずれは汚れる。そんな汚れてしまった棚の横に同じ色の新品の棚が並んだらどう見えるだろう。その汚れを目立たせてしまうことになる。それが、異なる色の新品の棚であればどうだろう。もちろん汚れはあるが、同色の棚よりはずっとましである。

100% COTTON

法則23　顧客のロイヤルティのために

パブリックゾーン、セミプライベートゾーン、プライベートゾーン

デパートなどのブランド別の各化粧品売場には、パブリック（PU）ゾーン、セミプライベート（S‐PR）ゾーン、プライベート（PR）ゾーンの三つのゾーンをつくる必要がある。

PUゾーンは、過去に購入したことはないがちょっと気になって見る人のゾーン。S‐PRゾーンは、具体的に購入を検討し始めた人のゾーン。PRゾーンは、その化粧品ブランドを過去にも購入し使い続けているロイヤル客のゾーンである。

化粧品においてロイヤル客は大変重要な顧客である。商品を購入してもらうためにゼロから説得する必要がなく、口コミの発信源にもなる。ただし、彼らへの

PU
パブリックゾーン
S-PR
セミプライベート
ゾーン
PR
プライベートゾーン

こちらに
どうぞ！
まぁ…

対処を間違えると購入してくれないばかりか、アンチファンとなってその後のブランドに悪影響を与える。彼らへの対処として大事なことは、その他のお客（特に買うかどうかもわからないロイヤル度の低い客）と一緒に扱わないことだ。店員の対応だけでなく明らかにゾーン分けして示すことが肝要だ。

ゾーン分けは机の高さ、イスの高さによって表れる。PUゾーンは机も高く（机というよりカウンター）、イスはないほうがよい。S-PRゾーンも同様に机は高く、イスはバーにあるようなハイチェア。PRゾーンはイスも低く、机も低い。

コミュニケーションボードを見直す

法則23　顧客のロイヤルティのために

「お店からのお知らせ」「店長おすすめの商品」などを掲示するコミュニケーションボードはあらゆる店に置いてある。メーカー品を中心に品揃えするオープンチャネルにおいてはこのコミュニケーションボードが顧客のロイヤルティ形成にとても重要であるが、まだまだ改善の余地がある。

まず内容に関しては、地域住民のコミュニティボードの要素が必要だろう。そのテーマはドラッグストアであれば健康情報、食品スーパーであればダイエットレシピなど、その店で売っている商品そのものでなく、その店で扱う商品カテゴリーに関してのお客さんの「興味ある話題」にすべきである。また、それに関連する新聞・雑誌記事を掲出してもいいだろう。そして、最後に、これに付随して商品情報を提示するのである。

また、位置に関してであるが、コミュニケーションボードは顧客ロイヤルティをつくり出す有効なツールなのであるから、もっと目立ち、読みやすい位置に置くべきである。空いたスペース（壁）に置くのでなく、一定時間とどまる待合スペースもいいだろうし、買い物という目的を終え、ほかの行動をするのに余裕ができた出口付近など、もっと戦略的に設置しよう。

お買得品
RICE DOWN ↓
おすすめダイエットレシピ
新聞にも掲載
されました！
『黒まめ』
パワー！
¥300
成人病
ありゃ、もうこんな時間だ。
黒まめ買って帰るとするか
SHOP
SHOP
SHOP
今日も何か
楽しい情報
あるかな？

法則24　店のアイデンティティを示す

まず「最初の売場」に着手

メーカー品を扱うオープンチャネルは店のアイデンティティを示すことを売場でも忘れてはならない。マス広告において自社のアイデンティティを示すことは各社実施しているが、売場でもアイデンティティを示していきたい。

目隠しされて店内に連れてこられ、初めてそこで目を開けたとき、自分はどこの店に入っているかわかるだろうか。すぐにどこの店とわかるように店のアイデンティティを示していかなければならない。

もちろん、店全体でアイデンティティを示すのが大事だが、最初に着手すべきところはどこだろうか。それは、入口から入ってすぐの売場（コーナー）だ。来店客が最初に目にし、しかも全員目にするスペースだ。そこで店オリジナルの提

この夏一番の低プライス！
オリジナルエアコン（工事費無料）
安全・安心・快適・低プライス
オリジナル商品が自慢の『オリジナル電気』です！
いらっしゃいませ
オリジナル電気へようこそ！
WELCOME
広告どおりで安心できそうね！
オリジナル商品が自慢のお店なのね！

案性の高い売場をぜひつくってほしい。「売り手発想」でなく「買い手発想」で、「商品」ではなく「興味ある話題」から売場をつくるべきだ。

決して、そこをメーカーに有償で提供するということをしてはいけない。それではその店は単なるメーカーの代行販売をしているだけの店、とお客さんには映る。

法則24　店のアイデンティティを示す

店に合った照明とBGMを

「私はこの店に入ったんだ」ということを明確に感じてもらうには照明は有効なツールである。一般的には照明は明るいほうがいいといわれるが、一概に明るいほうがいいとはいえない。もちろん暗いほうがいいとはいわないが。要はコントラストである。

ドアが二つ連続するような入口では、最初のドアを通りすぎたところはまず暗くして、二つ目のドアを通りすぎて売場に入ったときに明るくするとか、売場は暗くともスポット的に照らすとか、いろいろ工夫はできるだろう（屋外のほうが明るい昼と暗い夜では当然照明は異なってくるはずだ）。

また、ＢＧＭも店のアイデンティティを示すのに有効だ。よくずっと同じ曲調の曲を流している店舗があるが（例えばポップスならずっとポップス）、ドラッグストアなど午前中と夕方で客層が異なるところは曲調を変えることをおすすめする。

「ブランドの音楽」というものがある。そのブランドにふさわしい、そのブランドを表現するのに適した音楽である。若者向けのセレクトショップではすでにその店ブランドとしての音楽を店内で流す方法が一般的である。

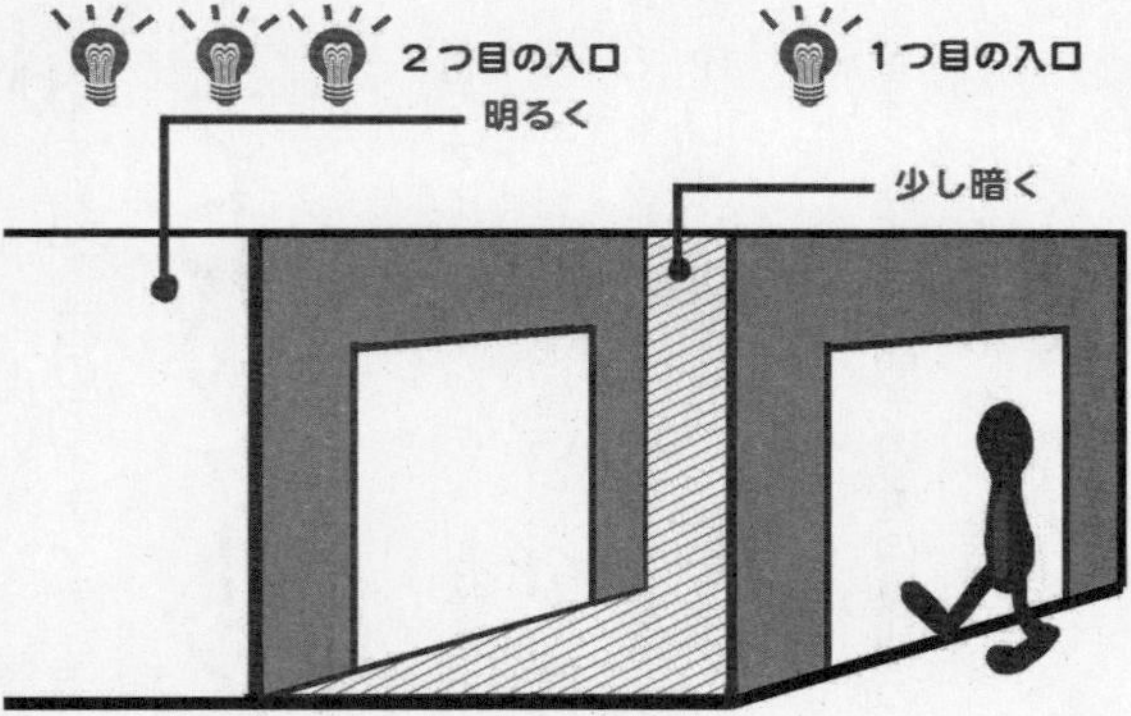
2つ目の入口
1つ目の入口
明るく
少し暗く

この客層だと…
BGMはPOPSが
一番良さそうね！

法則24　店のアイデンティティを示す

ギフトパッケージは目立つように

店のアイデンティティを伝えるのにいい手段の一つはギフトである。

ギフトは人の心をあったかくするものである。もらうときの相手の笑顔を想像すると、こちらまで笑顔になる。ギフトを買っている人を見ると、自分もギフトをあげることを考えてしまう。そういう魔力を持った「メディア」を店のアイデンティティ表現に生かさない手はない。

ギフトは、商品そのもの以外の、ギフトの箱・包装紙・リボン、包装の仕方、カードなどで、いろいろ表現できる。そのデザインクオリティや種類の豊富さはギフトをあげるというすばらしい行為を全面的に応援しているように思える。

そして、できればギフトをパッケージする場所を売場の真ん中に持っていきた

ギフトでアイデンティティを伝える

い。そうすることで、あらゆる人がギフトを目にし、ギフトをあげるつもりのない人もギフトがもたらす笑顔の恩恵にあずかる。

子供向け商品（洋服やおもちゃ）やジュエリーなどギフト需要の高い売場では、特に考慮したい。デパートのジュエリー売場のようにブランドごとに売場がつくられ、こそこそパッケージするのではなく、売場の真ん中にギフトパッケージの場所を構え、ギフト需要をさらに伸ばすことを考えたい。

法則24

店のアイデンティティを示す

「商品と恋に落ちる劇場」、それが売場

買いたくないのに無理やり買っている客はいない。その商品に満足し、価格に見合った価値があると思って買っているのである。そう考えると、「安い！　安い！」と売場で連発することはその商品にとっていいことではない。

売場は「商品と恋に落ちる劇場」と考えてほしい。恋するとき、自分の魅力をアピールする人はいても、自分と付き合ったときの「お得」をアピールする人はいないだろう。そんな口説き方では成功しないし、万が一成功してもそれは長続きせず後悔するだけだ。

「恋に落ちる」という考え方をすると、店頭のメッセージ過多もやってはいけないこととわかるだろう。自分の魅力を列挙してすべて伝えようとする人（そして結果的に何も伝わらない人）に恋するだろうか（法則7　情報を整理する）。

「恋に落ちる」のが目的だからといって、いきなり「付き合ってください」では誰にも見向きされない。売場もいきなり「買ってください」でなく、「まずは見てください」でなければならない（法則3　「初めの一歩」をつくり出す）。

「売場は商品と恋に落ちる劇場である」を念頭に、いい恋愛のできる店をつくってほしい。

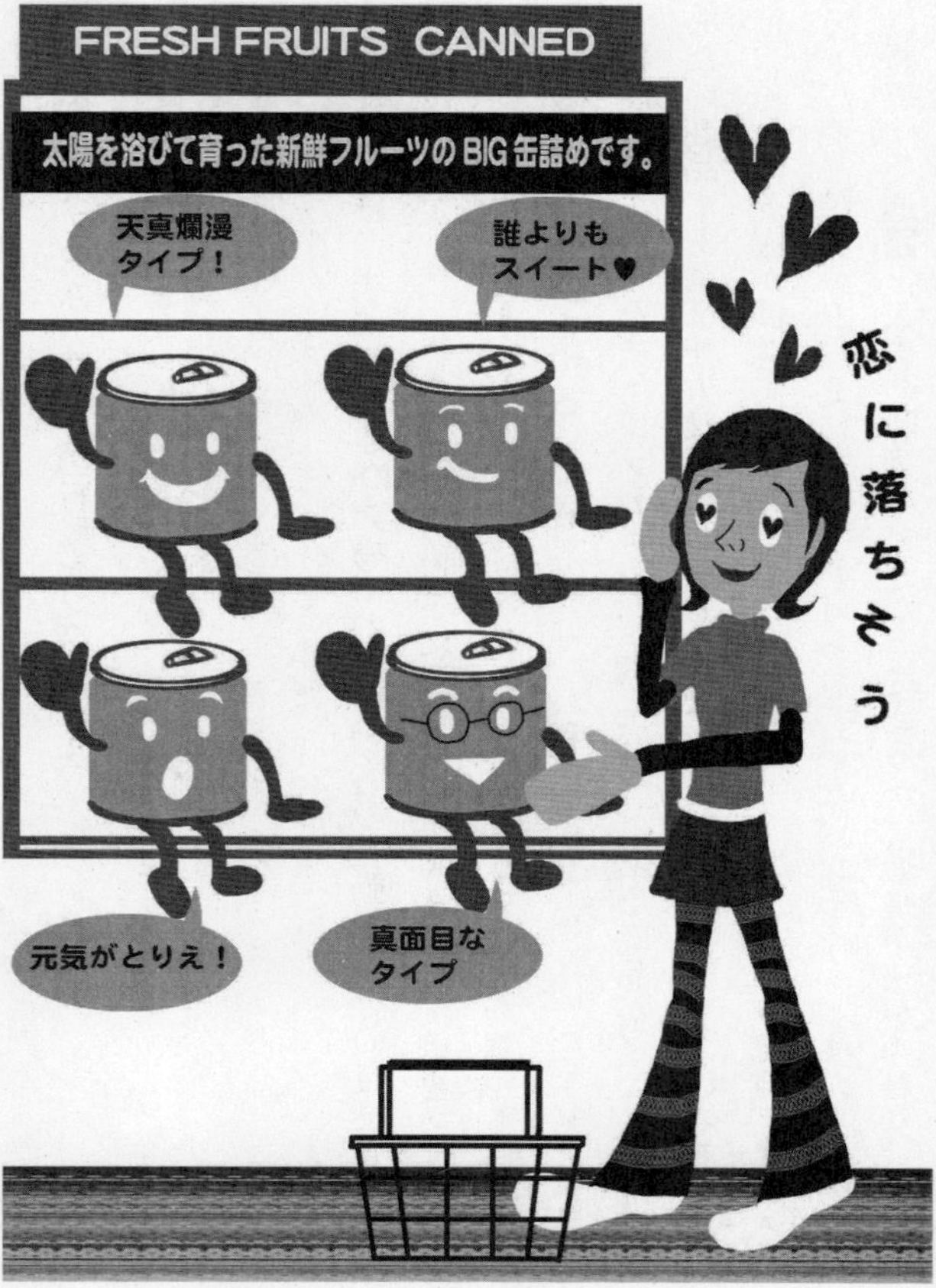
FRESH FRUITS CANNED
太陽を浴びて育った新鮮フルーツのBIG缶詰めです。
天真爛漫タイプ！
誰よりもスイート♥
恋に落ちそう
元気がとりえ！
真面目なタイプ

法則ＥＸＴＲＡ　すべての行動をリサーチする

店内浸透率・経路パターン

大事なことは、店に足を運び売場での買い物客の行動を自分の目で見ることだ。どんな点をリサーチすべきか、以下に法則ＥＸＴＲＡとして例をあげる。

お客がどこから入り、どちらの方向へ行き、どのエリアに立ち寄って、最終的に帰るのかをリサーチする。浸透率の低い（利用されていない）エリアがあれば、再度そのエリアをチェックしよう。そのエリアにある商品がどこの店でも人気のない商品であれば仕方ない。しかし、他の店ではもっと売っている商品であれば、それは売場が問題である。そのエリアの商品を示すサインは見えているだろうか。商品陳列やＰＯＰによって妨げられていないだろうか。また、そのエリアに誘導する通路・入口の陳列はどうなっているか。通路が狭かったり、入口の

¥1000
¥1000
¥1000
奥に行っても…
つまらなさそう
だから帰ろう…
【ブーメラン行動】

陳列が前面に出すぎで威圧的だったりすると、心理的にお客はそのエリアに足を踏み入れないものだ。ぜひ、工夫して、お客の回遊性を上げてほしい。

経路パターンのリサーチからは、お客のメインの動線を知ることも重要だが、通路ごとの「ブーメラン率」を知ることも重要だ。「ブーメラン」行動とは、ある通路の奥まで行ってほかの通路に行くのではなく、奥まで行かずに戻ってくる行動である。当然、奥からほかの通路に行くことによって回遊性を上げたほうが店舗の売上はよい。通路奥に新製品や興味をそそる商品などを配置してほかの通路への回遊を狙うようにしたい。

法則EXTRA　すべての行動をリサーチする

商品カテゴリーマトリクス（立寄り率×購買転換率）

店舗レイアウトをマネジメントするのに重要な指標が二つある。一つは、商品カテゴリーごとの「立寄り率」。調査対象店舗に訪れたすべてのお客の中で、どれくらいの人がその商品売場に立ち寄ったかを示す割合だ。対象カテゴリーがお客をどれだけ惹きつける力があるかを示す。もう一つは「購買転換率」。ある商品売場に立ち寄ったお客の中で、どれくらいの人がそこの商品を実際に買ったのかを示す割合だ。この二つの指標を横軸、縦軸にとって商品カテゴリーマトリクスをつくり、商品を四つに分類する。

●右上の象限は「ストアリーダー」。お客も立ち寄るし、どんどん売れていく商品。

●左上の象限は「ニッチ製品」。立ち寄るお客は少ないが、立ち寄ったお客は確実に買う商品。
●右下の象限は「高関与商品」。立ち寄るお客は多いのだが、なかなか買っていかない商品。
●左下の象限は「開発中カテゴリー」。立ち寄るお客も少ないし、実際買うお客も少ない商品。

この四つのカテゴリーの商品をそれぞれ固めずに、なるべくバラして配置しよう。「ストアリーダー」ばかりの売場だと店の混雑は避けられないし、「開発中カテゴリー」ばかりの売場は誰も人は来ず店内浸透率の低い「死に場所」となってしまう。例えば、ある「ストアリーダー」を店奥に配置し、その隣には「開発中カテゴリー」を置く。お客を回遊させたついでに「開発中カテゴリー」も見てもらう、そのような工夫をしたいところだ。

高
【購買転換率】
低
ニッチ製品
立ち寄るお客は少ないが、
立ち寄ったお客は確実に買う商品
これだ！
ストアリーダー
お客も立ち寄るし、
どんどん売れてゆく商品
これこれ
これこれ
開発中カテゴリー
立ち寄るお客も少ないし
実際買うお客も少ない商品
高関与商品
立ち寄るお客は多いのだが
なかなか買っていかない商品
低
【立寄り率】
高

法則EXTRA　すべての行動をリサーチする

商品ブランド別の検討率・購買転換率・G&G率

メーカーの方には次のような指標が参考になる。まずは商品ブランド別の「検討率」。ある商品売場に来たお客さんの中で、その商品を検討した人の割合である。また、商品ブランド別の「購買転換率」も重要だ。これは検討客の中の購入客の割合である。

これらの指標は単純だが、とても重要な指標である。というのも、これは「ＰＯＳ未満」を示す指標だからである。スーパーやドラッグストアで売られている商品はＰＯＳによって買われた数はわかる。しかし、その商品が売場で検討されたうえで買われていないのか、検討もされずに買われていないのかというその商品の「ポテンシャル」が、ＰＯＳではわからないのである。前者の商品であれ

ちょっとこの商品も
見てみよう
商品ブランド別
検討率
いろいろ見たけど
これが一番いいわ！
購買転換率
わ〜！これいい！
即決まり！
G&G率

ば、店頭での購入の一押しが足らないのであろうし、後者であれば、もしかすると、店頭以前にマス広告に問題があるのかもしれない。出口インタビューも合わせて実施すれば、その課題は一層明確になるだろう。

また、もう一つ調べたい指標は「G&G率」。G&GとはGｒａｂ（つかむ）&Gｏ（立ち去る）の略で、いわゆる「即決購買」のことだ。この指標が高い場合はその商品のロイヤルティが高いことが予想される。検討率を伸ばし、購買転換率を伸ばし、そしてG&G率を伸ばすのが店頭での目的と考えるべきだ。

法則EXTRA すべての行動をリサーチする

POP視認率・視認時間

ＰＯＰが見られているのかどうかも気になるところだ。ＰＯＰ別にどれだけの人が見ているかカウントしてみよう。

日本の一般的なスーパーやドラッグストアのＰＯＰはみなさんが驚くくらい見られていない。見られていないＰＯＰはお客に猥雑感を与えているだけなので即刻外すべきであるが、今まで法則で紹介したように、向きを変えたり、提示するタイミングを変えたりして見られる工夫をしてみよう。メーカーの方は、見られるＰＯＰと見られていないＰＯＰの差を分析してみよう。当然、ＰＯＰの「位置」という原因が一番であろうが、ＰＯＰの「表現」の差も分析してみる価値はある。

また、店頭ビデオ、店頭ビジョンのようなPOPはどれだけの時間見られているかも調べてみるべきだ。どれだけの時間見られているか（我慢できているか）に応じて、映像素材をつくるべきである。二秒で立ち去るのに二分の素材を流しては意味がないし、結構長い間とどまっているのに、テレビCMの繰り返しではもったいない。

POP
POP
POP
1..2..3..4
POP 視認率や
POP 視認時間
を計ろう！
VISION

コラム2

テレビ通販を考える

この本は、現実に存在する「店」について語ったが、買い物は「店」だけで起きているわけではない。テレビを介して自宅でできるテレビ通販というものがある。

アメリカでもこのホームショッピングというのが一時期たいへんブームになり、今はもうピークを通り越したというような段階にあると思われる。であるから、興味のあった顧客というのは、もうすでに囲い込みができていて、あとの顧客というのは全く関心がないという、たいへんはっきりとした構図ができてしまっている。しかし今、既存の顧客層を今後どう有効活用していくのかということを考えたときに、テレビがどう見られているのかということを、私ならまず考察する。

夜、ひじをついてテレビを見る場合もあるし、「ながらテレビ」というのがあると思う。料理をしながらとか何かをしながら、テレビがついている。いうなればテレビが一つの相手みたいな形で、テレビが常時ついているという状況がある。しかし今のテレビ通販のものの見せ方というのは、じっとテレビを座って見ているというように想定されてしまっているというのが問題だ。

主婦が昼間、ご主人が仕事に行っていて、子供が学校に行っていて、その間、何か独りぼっちというのも嫌だなということで、テレビがついたまま、いろいろな家事をしたりということは多い。そのときに継続して見ていなくても、パッと見たときに、「これはおもしろいな」とか「これは買いたいな」というような気持ちにさせるような、ものの見せ方、番組のつくり方というのが一番重要になってくると思う。

Ⅲ 「法則」はリサーチから始まる

Ⅲでは、Ⅰで紹介したエンバイロセル社の調査を具体的な結果をもとに説明していく。この調査結果を見て、この調査ではどんなことがわかるのか、自分の店だったらどんなことがわかるのか、と想像していただければ幸いだ。

この調査は、博報堂とエンバイロセルジャパンが共同で実施したオリジナル調査である。ある駅ターミナルの家電店でデジタルカメラと洗濯機に関して調査を実施した。図表①、②を見ていただきたい。ある三連休の三日間で、デジカメのトラッキング調査サンプルは二四二、出口インタビュー調査サンプルは一〇二であった。洗濯機のトラッキング調査サンプルは一三四、出口インタビュー調査サンプルは六〇。デジカメサンプルの男女比はおよそ七対三、洗濯機はほとんどが女性であった。年代別で見るとどちらとも二〇～三〇代が中心となっているが、可処分所得の高い五〇代以上のエルダーも約二割存在した。

このサンプル数でおわかりのとおり、この調査は来店したすべてのお客を対象にはしていない。ただ、無作為にサンプルは決めているし、単に売場を通り過ぎたような人はサンプルには含んでいない。

図表①　調査サンプル（デジカメ）

		トラッキング調査		出口インタビュー調査	
		人	%	人	%
全対象者		242	100.0	102	100.0
性別	男性	174	71.9	69	67.6
	女性	68	28.1	33	32.4
年代別	10代	4	1.7	1	1.0
	20代	76	31.4	33	32.4
	30代	85	35.1	34	33.3
	40代	32	13.2	14	13.7
	50代	32	13.2	13	12.7
	60代	13	5.4	7	6.9

図表②　調査サンプル（洗濯機）

		トラッキング調査		出口インタビュー調査	
		人	%	人	%
全対象者		134	100.0	60	100.0
性別	男性	24	17.9	5	8.3
	女性	110	82.1	55	91.7
年代別	10代	0	0.0	2	3.3
	20代	42	31.3	19	31.7
	30代	50	37.3	20	33.3
	40代	15	11.2	10	16.7
	50代	16	11.9	7	11.7
	60代	11	8.2	2	3.3

購買転換率

売場に来たお客のうち何人が買うのか？

ではまず、デジカメ売場、洗濯機売場で、売場に来たお客のうち何人が買うか（購買転換率）ご存じだろうか？　五％も買わないか？　それとも二〇〜三〇％？　いやいや六〇％くらいの人が買うのか（あなたが担当している売場、商品でも考えてみよう）？

答えは図表③のとおり、デジカメが約一一％、洗濯機が約一八％だ。洗濯機のお客のほうがある程度「決めて」来ていると考えていいだろう。

次にデジカメの男女差を見てほしい（図表④）。購買転換率は大きな差がある。女性が約一九％なのに対し、男性は約八％。男性はまだまだ様子見の人が多いと考えてよい。それに対し、女性は五人に一人は買って帰る、という計算だ。

図表③　購買転換率

	デジカメ	洗濯機
購買検討者（調査対象者）	242人	134人
購買者数	26人	24人
購買転換率	10.7%	17.9%

図表④　デジカメ購買の男女差

	全体	男性	女性
購買検討者（調査対象者）	242人	174人	68人
購買者数	26人	13人	13人
購買転換率	10.7%	7.5%	19.1%
平均滞在時間（購入者＋検討者）	8分11秒	7分29秒	9分57秒
平均滞在時間（購入者）	16分12秒	13分38秒	19分40秒
検討ブランド数	1,241点	884点	357点
一人当たり平均検討ブランド数	5.1点	5.1点	5.3点

売場での平均検討ブランド数は約五ブランド。この数字は男女ともに変わらない。この数字が表すのは、店頭に来る前までに上位五ブランドに入っていなければ検討されないということだ。現在、マス広告では「買わせる」までの効果は期待できないとすると、マス広告の目的を「検討の上位五ブランドに入る」ということにしたらどうだろうか。そこからは店頭勝負だ。

また、売場で検討している滞在時間は女性のほうが長い。平均検討ブランド数が男女で変わらないので、女性のほうが一ブランド当たりの検討時間が長いということだ。

販促物の接触率

販促物はどれだけ効いているのか?

店内の販促物はどれだけの人が見ているのだろうか。例えば家電のカタログなどは、どれだけの人が接触していると思うか? デジカメと洗濯機ではどちらが接触していると思うか?

図表⑤を見ると、カタログの接触率はデジカメと洗濯機ではあまり変わらないことがわかる。しかし、ＰＯＰの接触率は大きな差がある。洗濯機ではほぼ全員が接触しているが、デジカメでは約六割の人しか接していない。これにはいろいろな理由があると思うが、デジカメのＰＯＰが多すぎるというのが一つの原因だ。洗濯機売場のＰＯＰは各洗濯機の後ろに整然とほとんど同じ大きさのボードが並んでいたのに対し、デジカメ売場のＰＯＰは形もさまざまであるうえ、棚の少しの隙間も埋めるくらい設置していた。情報が多すぎると視点も定まらず、結果的にどれを見たらいいのかわからなくなるものだ。店はもっとPOPを見てもらうようにPOPを間引かなければならない（また、この数値からメーカーのPOP作成者が力を入れるべきは洗濯機のほうであるということもわかる）。

また、店員接触はデジカメで約三割、洗濯機で約四割だ。この数値はお客から店員に声をかけ会話した人の割合なのだが、意外にも多いという印象だ。グループインタビューなどで聞くと、「店員と話すと売りつけられるのでいやだ」という話を聞くのだが、実際には結構話しかけているではないか。

図表⑤　カタログ・POP・店員への接触率

		カタログ接触	POP接触	店員接触
デジカメ	購買検討者数＝調査対象者(人)	242	242	242
	接触人数(人)	71	135	63
	接触率(%)	29.3	55.8	26.0
洗濯機	購買検討者数＝調査対象者(人)	134	134	134
	接触人数(人)	36	131	50
	接触率(%)	26.9	97.8	37.3

カタログの接触状況

カタログはどのように読まれている？

図表⑥はかなり細かいデータだが、「こんなことまでわかるんだ」ということで見てもらいたい。前項でカタログの接触率は示したが、この図表は実際どのように接触しているのかを調べたデータだ。

上段から「カタログを手に取るが読まずに戻す人」「読んでから戻す人」「読んで持ち帰る人」「読まないで持ち帰る人」の割合を示している。読んで戻すという人が二割以上もいるのが意外ではないだろうか。確かに自分がお客であることを思い返せば、必要なことだけ知りたくてカタログを手にすることはある。しかし、カタログ作成者はそんな人のことを想定してつくっていないだろう。

デジカメは「読んで持ち帰る人」が多く、洗濯機は、サンプル数が小さく、参

図表⑥　カタログへの接触の仕方

	デジカメ		洗濯機	
	行動人数(人)	(構成比:%)	行動人数(人)	(構成比:%)
カタログ接触計	71	100.0	36	100.0
読まずに戻す(手に取るだけ)	7	9.9	5	13.9
読んで戻す	17	23.9	9	25.0
読んで持ち帰る	30	42.3	9	25.0
読まないで持ち帰る	17	23.9	13	36.1

考値であるが、「読まないで持ち帰る人」が多い。「読んで持ち帰る」場合と「読まないで持ち帰る」場合、理想のカタログの内容は異なってくるだろう。「読んで持ち帰る」人はカタログで少々わからないことがあれば、その場で店員に聞くことができる。それに対して、「読まないで持ち帰る」人はその助けがない。懇切丁寧に内容を説明する必要があるだろう。

陳列方法別検討率

どの陳列方法がいいのか？

店の人にとって棚割りや陳列方法は悩みの種だ。メーカー別に置いたらいいのか、大きさ別に置いたらいいのか、用途別に置いたらいいのか、試行錯誤されていることだろう。

この調査のデジカメ売場はある程度大きかったこともあり、メーカー別売場、画素数別売場、価格帯別売場に分かれていた。陳列方法別にどれだけの人が立ち寄っているかを調べれば、どの陳列方法がいいかわかるはずだ（ちなみに、入口に近い有利な場所順にメーカー別、新商品、画素数別、価格帯別で陳列されていた）。

結果はメーカー別売場が突出してトップ（図表⑦）。価格帯別売場は一割にも届かなかった。確かに店舗レイアウトから見て価格帯別売場は不利な位置にあったが、それにしてもこの差はすごい。考えるに、画素数別売場と価格帯別売場が実際のところ似たような分け方だったのが原因であると思う。画素数と価格はリンクしているからだ。そうすると位置的に有利な画素数別売場に人は行ってしまう。

また、意外だったのは画素数別がメーカー別よりも低かったことだ。すでにデジカメは買い替え・買い増し需要が高くなっていると考えていたので、そういう人はスペック情報にも詳しくなっており、メーカー別よりも画素数別に行くものだと思っていたからだ。

図表⑦　デジカメの陳列方法別の検討者数（N＝242）

	検討人数（人）	検討人数比率（%）
メーカー別売場	137	56.6
画素数別売場	96	39.7
価格帯別売場	16	6.6
新商品売場	85	35.1

どのメーカーが検討されているのか？

メーカー別検討率

では、どのメーカーのデジカメがよく検討されているのだろうか。別項でも述べたが、メーカーのマーケターはこの検討率に特に注目してほしい。売上は買い物の「結果」でしかないので、売上だけで一喜一憂してはダメだ。自社の商品がどれだけ検討されているのか（そして買われているのか、または買われていないのか）を知ることによって、その商品のポテンシャルがわかり、将来の売上に備えることができる。

図表⑧を見てほしい。この売場ではA社とB社の二社が抜きん出ていた。どちらのメーカーも売場に来た半分の人が見ている。比較するうえで常にチェックされるようなメーカーと考えてよいだろう。その次にC社とD社。それ以下はどん

図表⑧ デジカメのメーカー別検討者数（N＝242）

	検討者数（人）	検討者比率（%）
A社	121	50.0
B社	120	49.6
C社	94	38.8
D社	85	35.1
E社	66	27.3
F社	64	26.4

図表⑨ デジカメのメーカー別・男女別検討者数

男性（N＝174）	検討者数（人）	検討者比率（%）
B社	93	53.4
A社	83	47.7
C社	62	35.6
D社	56	32.2
E社	52	29.9
F社	48	27.6

女性（N＝68）	検討者数（人）	検討者比率（%）
A社	38	55.9
C社	32	47.1
D社	29	42.6
B社	27	39.7
J社	17	25.0
F社	16	23.5

ぐりの背比べといったように並んでいた。

しかし、男女別に見たらどうだろう（図表⑨）。女性ではその二強の一角であるB社が、全体で三位・四位だったC社・D社に抜かれているのだ。全体ではこの二強が抜きん出ていただけにこの順位逆転は意外だ。しかも全体ではほとんど同じであったA社に相当水をあけられている。B社は現在磐石である男性層が守りつつ、女性層に対する備えをしておきたい。店頭でももちろんであるが、女性向け商品開発や女性を意識したマス広告を考えていかねばなるまい。

店頭銘柄決定率

買うブランドはいつ決めているのか？

図表⑩はトラッキング調査結果でなく出口インタビュー調査の結果であるが、特に重要なのでここで触れておく。

購入ブランドをいつ決めているのか。来店前に決定しているのか、それとも、来店後に決定するのだろうか。この売場では、購入する商品ブランド、メーカーを来店前にあらかじめ決めていた人は約六割（「ブランドまで決めてきた」「メーカーまで決めてきた」「イメージまでは決めてきた」の合計）。決めていなかったのは約四割だ（「イメージは決めてきた」「イメージまでは決めていなかった」の合計）。この数字を見て「なんだ、来店前に決まっている人のほうが多いじゃないか」と思われただろう。しかし、四割もの人が店頭でブランドを決めているという事実はマスマーケティングをやってきた人にはショックかもしれない。あれだけ露出し、クリエイティブも工夫したのに、四割も取り逃がしているのだ。

実際のところ、マーケティング予算をマス予算：店頭予算＝六：四の比率には配分していないだろう。競争上の関係からマス予算を減らせないのであれば、販促費を店頭マーケティングにシフトすることも考えられるだろう。

図表⑩　デジカメの購入ブランドをいつ決めるか

		全体	男性	女性
	デジカメ購入者	人 102	人 69	人 33
来店前にブランド・メーカーを決定	来店前から買いたいブランドまで決めて来店した	% 54.9	% 58.0	% 48.5
	来店前に買いたい商品のメーカーまで決めて来店した	6.9	7.2	6.1
来店前はブランド・メーカーは未定	来店前に画素数や大きさ・機能等の買いたいデジカメのイメージまでは決めて来店した	24.5	21.7	30.3
	具体的な商品のイメージまでは決めていなかったが、デジカメは買う（もしくは見る）つもりで来店した	13.7	13.0	15.2
	本日は全くデジカメは買うつもりはなかったが、店頭で買いたくなって購入した	—	—	—

ビデオ調査から判明した事実1

商品を売場で最大限アピールできる環境が重要

ビデオ調査では本当におもしろい現象が見える。問題意識を持っていない人には退屈なビデオだが、ここから売場づくりに生かせるヒントを探そうとしている人には宝の山だ。

デジカメ売場で、ある男性が横に店員を連れて、デジカメを検討している。男性は手に取ったデジカメをジャケットの内ポケットに入れてその薄さをチェックしているのだ。このデジカメは薄さが売りで、ポケットに入れても膨らまない点がセールストークになっている商品なのだ。

この映像にはなんの不思議もないのだが、店員が横にいたことがとても重要なことを表しているのに気づいた。店員を連れていなかったら、その男性は内ポケ

DIGITAL CAMERA

『ポケットに入れても膨らまない』が売り言葉
なのに、実際、試してみようとすると……
販売員がいなければ万引きに間違われてしまう。

こんなディスプレイ
でもいいかも
TOUCH!
触ってみて！
超薄型、カード型デジカメ
上着の内ポケットに入れても外にひびかない！
＊＊ どうぞ、→に触れてみてください！ ＊＊

ットに入れてみただろうか。万引きと間違われることを怖れてその行動をしなかったのではないだろうか。このビデオではわからなかったが、もしかしたら、ポケットに入れてみたいがゆえに店員をこの売場に連れてきたのかもしれない。即刻、ポケットお試し用のサンプルなどをつくらねばならない。

この映像は、商品のアピールポイントをアピールできる環境にない場合、多くの機会ロスを生んでいることを表している。

ビデオ調査から判明した事実2

男女の商品検討はこんなに違う

男女のデジカメの見方があまりにも違っておもしろかった。男性があるデジカメを手に取った。液晶画面を見て、ファインダーを覗く。そしてあたかも本当に撮っているかのようにシャッターを押してみた。シャッターが押しやすい位置にあるかどうかをチェックしているのだ。そして、このデジカメはレンズの調整ができるタイプだったので、そのまま構えた状態でレンズを調整していた。その後は、ファインダーを覗くのをやめ、ほかのボタンも押しやすいかどうかチェックし、記憶メディアを入れるフタも開けてみた。

男性がその商品を置いたところにちょうど女性のお客がやってきて、同じデジカメを手に取った。最初にその女性がしたことは、そのデジカメをレンズ方向から見たことだ。人からどう見られるかというデザインを気にしているのだ。そしてひっくり返して液晶画面のデザインもチェックした。その後何度かひっくり返してデザインをチェックしたが、全くファインダーを覗く素振りを見せない。レンズが調整できることに気づき、レンズを回し始めたのだが、全くそのレンズを見ることなく回している。

これは、男女におけるデジカメというものの定義の違いを表している。男性にとってデジカメはツールで、女性にとってはアクセサリーなのである。

まずは試さないと
わからないからな。
おぉ〜っ。
これはいいかも ...
男性はまずファインダーを覗く
なかなかいいデザインね！
かっこいいわ！
女性はファインダーを覗こうとはせず
表側のデザインを重視する。

ビデオ調査から判明した事実3

POPの有効な位置は意外なところ

洗濯機売場のビデオを見ていて気づくのは、まず最初に「フタを開ける」という行動だ。気になった商品を見つけるとＰＯＰも見ずにまずパッと「フタを開ける」のだ。結構な数の人がそういう行動をしていた。開けた後、洗濯槽に手を入れるという行動が続けば納得がいくのだが、そういうわけでもない。その後はフタを開けたまま、全体を見回す。女性二人で来たお客は開けたままいろいろ話し込んでなかなか閉めようとしない。そして値段やスペックを見るためにプライスカードを探す。プライスカードはフタに貼ってあるので、ここでやっとフタを閉めることになる。

この「フタを開ける」行動は謎だ。「そこに山があるから登るんだ」と有名登

なぜか…みなフタを開ける
で……
どんな機能なんだっけ？
イオンで洗う驚きの洗浄力
●9kg洗い、6kg乾燥！
●ステンレス槽●黒かび対応
●節水シャワー●しみケア
イオンで洗う驚きの洗浄力
●9kg洗い、6kg乾燥！
●ステンレス槽●黒かび対応
●節水シャワー●しみケア
幅61.2X 高さ 100X 奥行き 60cm
POPを中へ
イオンで洗う驚きの洗浄力
●9kg洗い、6kg乾燥！
●ステンレス槽●黒かび対応
●節水シャワー●しみケア
イオンで洗う驚きの洗浄力
●9kg洗い、6kg乾燥！
開けたら
機能や、
サイズが
わかると
GOOD!!

山家が答えたように、「そこにフタがあるから開けるんだ」というような行動だ。

ただ、その開ける理由はわからなくとも開けるという事実に変わりはない。開けたときに洗濯槽にＰＯＰがあったのはほとんどなかった。このチャンスを逃す手はない。実際、フタを開けてしまうと洗濯機の後ろにあるボードは隠れてしまっていた。このボードはフタを開けさせるためのＰＯＰであると考えてデザインしよう。そして洗濯槽の中のＰＯＰは、この洗濯機のアピールポイントを訴求し、お客に読みながら検討してもらうような詳細なＰＯＰにしよう。

お客は自ら工夫して商品を検討する

ビデオ調査から判明した事実4

洗濯機売場のビデオを撮影していて、隣の売場に置いてある保温ポットのお客の検討行動が偶然映った。

ポット売場は狭くてたくさんのポットが陳列されていた。そこで二つのポットを比較検討していた夫婦が、突然その二つのポットを持って洗濯機売場に入ってきたのだ。何事かと思ったら、夫婦は大型のドラム式洗濯機の上にポットを横に並べて置いたのだ。そしてちょっと離れてその二つを見比べていた。おそらく、このポットが家に置かれたらどう見えるかをシミュレーションしていたのではないだろうか。ポット売場は狭くてこの二つだけを並べることは不可能だったし、この洗濯機は大型のドラム式でちょうど家のカウンターやテーブルくらいの高さであり、天面が平らだった。

絶対買う気のあるお客は自ら売場を工夫するのだ。しかし、そこまで買う気がない、買う予定だが今日でなくてもいい、というお客は自ら工夫したりはしない。売場が購入を駆り立ててくれなければそのまま買わずに帰るだけだ。

絶対買う気のある客は、自ら売場を工夫する

おわりに

始まりは四年前の博報堂社内セミナー

マスメディアを中心としたマーケティングが従来ほど機能しなくなり、一人一人の生活者の行動や意識を徹底的に分析し、そこからの生活者のインサイトをもとにきめ細かなマーケティングやコミュニケーションが要求されるようになってきていた二〇〇一年春。その年の二月に出版されたパコ・アンダーヒル氏の著書『なぜこの店で買ってしまうのか―ショッピングの科学』（鈴木主税訳、早川書房）において、パコ氏の科学的に顧客行動を分析する手法と、売れる店づくりへの明快な示唆に出会い、新鮮な驚きを感ずるとともに、これまで博報堂が行ってきた生活者発想との共通性を強く感じたのが、パコ氏との共同プロジェクトの始まりであった。

その後、すぐにニューヨークのパコ氏へのコンタクトをはかり、七月の博報堂でのセミナーをお願いした。ビデオカメラで顧客の店内行動を録画し、追跡調査員が店内での行動を細かくチェックし、出口インタビュー調査で購買へ至る行動・意識を徹底的に調べる調査と、それを二〇年以上、手がけてきたパコ氏の経験・知識に生で触れたいという思いがそのときの気持ちであった。博報堂が、生活者のインサイトを重視し、実践してきたことを説明し、日本で初めてのパコ氏によるセミナー開催を受諾してもらった。

セミナーのため来日したパコ氏と初めて会った印象は、まさに強烈なものであった。約二メートルの長身で、優しいまなざしながら、ショッピングの科学の真髄、従来型のマーケティングの課題、パコ氏がCEOを務めるエンバイロセル社のノウハウや仕事の中身を熱く語る姿には、強いインパクトを感じた。パコ氏による社内セミナーは、会場が満員になる盛況で、社内の反響も大きく、その後NHKの「BS経済最前線」で三〇分間、パコ氏の調査方法や、顧客のショッピング行動分析が詳しく解説され、パコ氏のノウハウは広がりを見せ始めた。

パコ氏がセミナーで語った分析手法と、売れるお店づくりへの提言は、日本市場でも非常に効果的だと確信した我々は、エンバイロセル本社のあるニューヨークで、日本市場でのパコ氏と博報堂との独占的協力関係の交渉を行い、二〇〇一年一一月にパコ氏が博報堂の専属アドバイザーとなる契約が成立した。社内でも、我々が所属する研究開発局と買物研究所のメンバーとで、パコ氏とのコラボレーションのためのパコ・アンダーヒル研究会がスタートした。

日本での調査とコンサルティングでの共同作業

二〇〇二年一月にはエンバイロセルジャパン株式会社も設立され、博報堂とパコ氏の具体的な共同活動が始まった。パコ氏の本も二〇万部近いベストセラーになり、日本経済新聞などでパコ氏のことが紹介されたこともあり、博報堂の得意先であるメーカー各社や流通企業からの問い合わせなども増えてきた。その年の五月にパコ氏がアドバイザー契約後、初めて来日した際には、家電量販店、カーディーラー、携帯電話ショップなどで、実践的な売れる店づくりのためのセッションを実施した。

具体的には、店舗の手前からの店舗の観察に始まり、入口、売場、レジ、出口などの徹底的な観察とパコ氏の経験からの店内でのコンサルティングが行われた後に、会議室などで、世界各国の事例やビデオなども用いて、突っ込んだ具体的な店舗改善のアドバイスや質疑セッションが行われた。そして最後には、この本の中でも紹介される「現場主義の徹底、ゴム底靴での店舗観察」の話で幕を閉じるのである。

毎年一～二回のパコ氏の来日の際には、家電、トイレタリー、アルコール、子供ファッションなどのメーカー視点と、ドラッグストア、レコードショップなどの流通視点の両方で、博報堂の得意先に対し店舗視察とレクチャーを多数実施した。日本マーケティング協会などの社外セミナーでも、パコ氏が数多くの講演を行い、参加者に店頭でのマーケティングの新しい視点を提供した。

また二〇〇二年からは、パコ氏の店舗コンサルティングとは別に、エンバイロセルジャパンと博報堂との共同で、企業からの依頼に対し、店舗での顧客行動調査の実施と店づくりへの提案を行うプロジェクトも多数行った。エンバイロセル社の調査は売場での行動と店内のプロモーションやサインへの反応などを行動観察調査、ビデオ調査、出口インタビュー調査で徹底的に調査・分析するもので、従来の調査手法ではとらえることのできなかった店舗での生活者行動の新たなインサイトを発見することが多々あった。

パコ氏のあくなき探究心と徹底したサービス精神

パコ氏の店舗観察の極意や売れる店の法則は、本書の中でも詳しく紹介されているが、パコ氏のバックグラウンドでもある、地理学、環境心理学、文化人類学などをベースにした人間の行動へのあくなき探究心と、担当した得意先への徹底したサービス精神やプレゼンテーションでの完璧なつくり込みの姿勢には感嘆せざるを得なかった。パコ氏は日本での各企業向けのコンサルティングやセミナーの際も、世界各国でのビデオや写真を来日前に準備し、さらに日本の店舗での写真を多数自ら撮影し、発表のぎりぎりまでの時間を使って、プレゼンテーション資料を自分で作成するのである。

そんな、仕事大好き人間のパコ氏ではあるが、ニューヨークヤンキースと同じ縦じまのユニフォームが気に入ったのか、阪神タイガースの大ファンであり、若いころに日本で柔道を学び、日本食や日本の文化をこよなく愛する日本党でもある。最も高齢化が進行し、エルダーマーケティングの世界の実験場ともいえる日本への期待とともに、一方では、女性の社会進出が進みながらも、企業社会やマーケティング、そして売場の現場で女性を生かしきっていない日本への警告も、本書の中で、何度か語られている。

もちろん子供時代、外交官の子供としてアジアを含む世界各地で生活し、現在は、ニューヨークだけでなく、東京、ミラノ、サンパウロ、モスクワ、イスタンブールなどのエンバイロセル社の拠点も統括し、一年の半分以上が自宅とオフィスのあるニューヨーク以外で活動をしているパコ氏のグローバルなマーケターとしての視点による売れる店の極意もさまざまな形で紹介されている。

今回、この本を書き上げる中で、店舗での顧客や生活者をどう見るか、店舗での売場づくりやPOP・サインなどのコミュニケーションをどうするべきかなどについて、我々としてもこれまでのパコ氏とのコラボレーションの四年間の成果を整理することができたような気がする。パコ氏やエンバイロセル社とは、今後も協力関係を強化し、さらに、日本市場での新しいマーケティングの視点を提供していければと、四月に来日したパコ氏とも話をしたところである。

本書の執筆に関しては、この本の趣旨に全面的に賛同をいただき、協力をいただいたパコ・アンダーヒル氏、パコ氏の日本での代理人かつエンバイロセルジャパンのアドバイザーで、博報堂とのアドバイザー契約からパコ氏の日本での活動すべてに献身的協力をいただいたMIG社・豊田一雄社長、調査の企画・実施・分析に尽力されたエンバイロセルジャパンの打田光代社長と福田弘二取締役、博報堂のプロジェクト全般で買い物行動分析のスペシャリストとしてサポートいただいた博報堂買物研究所所長の長谷川宏氏に対して心から感謝したい。また、この本の企画から完成まで、大変お世話になった日本経済新聞社の田中拓氏にはこの場を借りてお礼を申し上げたい。

二〇〇五年七月

博報堂　研究開発局

小野寺健司

今野雄策

●パコ・アンダーヒル氏の紹介

パコ・アンダーヒル氏は、ニューヨークを拠点に世界中の流通・小売業・銀行等を調査し、年間5～7万人の顧客の行動を分析しているエンバイロセル社（1975年創立、本社ニューヨーク）の創立者で、CEOを務める。スターバックス、マクドナルド、シティバンクなど数多くの得意先に対し、買物行動の調査・分析・コンサルティングを実施し、高い評価を得ている。マーケティングや流通関連の世界中の会議で頻繁に講演を行い、New Yorker誌やFortune誌などにも度々取り上げられている。

2000年アメリカで、また2001年日本で出版された著書『なぜこの店で買ってしまうのか―ショッピングの科学』（鈴木主税訳、早川書房）は海外で160万部以上、国内でも25万部を超える大ベストセラーとなった。

2001年11月からは、博報堂のアドバイザーに就任。毎年日本を訪問して、数多くの店舗でのコンサルティング、新しい店頭マーケティングについての多くの講演を行っている。2002年には、ミラノ、サンパウロなどに続いて、日本においてもエンバイロセルジャパン社を設立し、顧客行動分析の調査とコンサルティング業務を行っている。

2008年4月からは、博報堂で初の外国人フェローに就任している。

●編者紹介

博報堂パコ・アンダーヒル研究会

パコ・アンダーヒル氏と共同での顧客行動分析や店頭マーケティングの研究・実践のために、研究開発局と博報堂買物研究所のメンバーで2001年にスタートした社内プロジェクト。

パコ氏の科学的な顧客行動分析と、売れる店づくりへの明快な示唆に共鳴するとともに、これまで博報堂が行ってきた生活者発想との共通性を強く感じ、パコ氏にアプローチしたのがこのプロジェクトの始まりである。博報堂はパコ氏とのアドバイザー契約を現在まで継続しており、2008年からは外国人では初の博報堂フェローとして、毎年の来日時には、パコ氏と博報堂による講演会や店舗・モール・デパートなどでのコンサルティング・セッションの企画・実施を行っている。エンバイロセルジャパンと博報堂による顧客行動調査の企画等も、この研究会がサポートを行っている。

小野寺健司（おのでら・けんじ）

1975年上智大学文学部新聞学科卒業、同年、株式会社博報堂入社。第2本部マーケティング部、博報堂アメリカ、第1マーケティング局などを経て、1999年より研究開発局所属。

現在、博報堂研究開発局上席研究員、明治大学特別招聘教授。

博報堂パコ・アンダーヒル研究会リーダー。

専門分野はニューロマーケティング、グローバルマーケティング関連。

日本商業学会会員、社団法人日本マーケティング協会公認マイスター。

著書に『グローバル・ブランド管理』（共著、白桃書房）。

今野雄策（こんの・ゆうさく）

1997年東京大学経済学部卒業、同年、株式会社博報堂入社。プロモーションデザイン局を経て、2001年より研究開発局所属。

現在、博報堂研究開発局上席研究員。

博報堂パコ・アンダーヒル研究会サブリーダー。

専門分野は店頭マーケティング関連。

●イラストレーター紹介
コイケ・ケイコ
北山節子の名前で接客アドバイザーとして活躍中。執筆、講演、店頭指導、マニュアル作成などを行う。「日経ＭＪ」紙でコラム連載中。
主な著書に『接客販売入門』（日経文庫）、『きっと気づく！ あなたが幸せになる24のヒント』（講談社）など。
http://www.k-word.co.jp/

本書は二〇〇五年七月に日本経済新聞社より刊行した同名書を加筆、修正し文庫化したものです。

日経ビジネス人文庫

ついこの店《みせ》で買《か》ってしまう理由《わけ》

2009年10月1日 第1刷発行

編者
博報堂パコ・アンダーヒル研究会
はくほうどうぱこ・あんだーひるけんきゅうかい
小野寺健司
おのでら・けんじ
今野雄策
こんの・ゆうさく

発行者
羽土 力
発行所
日本経済新聞出版社
東京都千代田区大手町1-9-5 〒100-8066
電話(03)3270-0251 http://www.nikkeibook.com/
ブックデザイン
鈴木成一デザイン室
西村真紀子(albireo)
印刷・製本
凸版印刷

Printed in Japan ISBN978-4-532-19512-0